文化生活叢書・藝文采風

現代論語新解

張凱元　著

自序

　　孔子（周靈王二十一年～周敬王四十一年，公元前五五一年～前四七九年）應是我們中華文化最具代表性的象徵了。他的思想言行，被他的門人編成一部《論語》，成為我們後世多數人奉行不渝的圭臬。在我們慶幸中華民族在兩千五百多年前有了這麼一位偉大的人生導師，因之而得主導建立起我們博大精采的中華文化之餘；卻也同樣因孔子到底已是兩千五百多年前的人物，他留下來的一些資料，有的可能當時就已記載欠周全，有的更因經過漫長時間的傳承，難免又導致有文字疏漏的情況發生。所以《論語》一書，雖然目前大部分內容都可為多數人認同接受，卻還有小部分意義較不明確，容易引起爭議。

　　本書的撰寫目的，就是對《論語》中，歷來爭議較多的章句也擬提出一些見解。筆者於書中所表達的意見，除了主要參考我國各時代研究儒家以及其他文史學者的著作等，已有的很多論著之外，其他也有不少部分則是借用古今重要西方學者在哲學、科學上的類似理論來觸類旁通，以為較深入的詮釋。

　　孟子曾提過：「孔子，聖之時者也；孔子之謂集大成。」這句話的意思應是說，孔子的思想是超越時空的；不但不會過時，反而是時代愈進步，愈能證明他的卓越。也不會與其

他高明的學理發生牴觸，反而是有互相印證的效果好處。除此之外，顏淵也說過，孔子的道理，卻又是「仰之彌高，鑽之彌堅；瞻之在前，忽焉在後。」兩千五百餘年來，注疏《論語》一書的學者已不知凡幾。現在筆者也追隨提出一些較新的看法，至於是否適當，則仍待就教於高明。

張凱元 謹識

目次

現代論語新解

本書共二十篇，每篇採用各篇首句裡的二字或三字作為篇名。

篇目 學而第一

本篇主要講述人生務本的道理，引導初學而有志成為君子者為學以及進入仁德之門的次序原則。

章目（一）

子曰①：「學而時習之，不亦說②乎？有朋自遠方來，不亦樂乎？人不知而不慍，不亦君子③乎？」

【主旨】本章為全書之開始，主旨在指出一個人生知識的學習，從無到有，分為三個層次：第一層次為立志；第二層次是切磋；第三層次是藉著知識的獲得，最後可以成為一個內在充實，而外在謙虛的君子人。

【註解】①子曰：子，男子尊稱。《論語》中，「子曰」兩字，特指孔子所說的話。②說：通「悅」字。③君子：有學識、道德的人。

【釋文】

孔子說：「求學的第一層次重在立志；首先要找到你自己的目標與興趣，時時溫習對照有關的知識。然後隨著對道理能愈進步明白，這不是很愉悅的事嗎？求學的第二層次重在切磋；在求學已有相當基礎之後，如能與志趣相投的朋友，甚至遠道的朋友，都經常來作知識上更深入的心得研討，那不又是更快樂的事嗎？求學的第三層次重在謙虛；即是在切磋學問時，因為事物難有一致的標準，有時不免會遇到不了解你的人，甚至有與你相左的意見看法出現，那時卻絕不可隨便動氣，那不就是從求學而達到成為君子的境界了嗎？」

章目（二）

有子①曰：「其為人也孝弟②，而好犯上者鮮矣。不好犯上，而好作亂者，未之有也。君子務本，本立而道③生。孝弟也者，其為仁之本與④！」

【主旨】本章緊接上章，主旨在進一步更加說明人之為人，除了要學習各種知識能力之外，更重要的還要學如何做一個有仁心的人。而要成為一個有仁心的人，最基本的，就是要從重視孝順父母，友愛兄弟等倫理守則做起。

【註解】①有子：名若。孔子學生。②孝弟：即孝悌。孝順父母以及敬愛兄弟。③道：仁道。④與：同「歟」，讚嘆詞。

【釋文】

有子說：「做人孝順父母、尊重兄長，而同時竟又喜好冒犯長上，那是少有的。不喜好冒犯長上，而又竟會為非作亂的，就根本不可能有。君子處理事務，一定都從先了解事物的根本道理做起；根本一了解，最能妥善處理事物的合理之道就自然出現了。所以做人先從根本的孝悌開始，應就是行仁的根本基礎吧！」

章目（三）

子曰：「巧言令色①，鮮②矣仁。」

【主旨】 本章討論仁者不可巧言令色來待人。

【註解】 ①巧言令色：巧言，說取巧的話；令色，裝出偽善的臉色。②鮮：少也。

【釋文】

孔子說：「專說討人喜歡而不實在的話，裝著討人喜歡的臉色，這種人很少會真有仁心的。」

章目（四）

曾子①曰：「吾日三省吾身。為人謀，而不忠乎？與朋友交，而不信乎？傳，不習乎？」

【主旨】 本章舉例曾子每天都做自省慎行之事。

【註解】①曾子：名參。孔子學生。

【釋文】

　　曾子說：「我每天起碼自我反省三件事。幫人做事，有未盡心力的嗎？與朋友交往，有不誠信的嗎？老師教我的，有不溫習加以實踐的嗎？」

章目（五）

　　子曰：「道①千乘之國，敬事而信，節用而愛人，使民以時。」

【主旨】本章指出治國的基本守則。

【註解】①道：同「導」，領導。

【釋文】

　　孔子說：「領導一個已有規模能出千乘兵車的國家，處理政事應謹慎小心而取信於民。要節省國家財政物資，凡事首先要考慮滿足愛護人民。如有公共事務需要使用民力，要安排在農閒時來做。」

章目（六）

　　子曰：「弟子①入則孝，出則弟，謹而信，汎愛眾，而親仁。行有餘力，則以學文。」

【主旨】本章認為一個學生求學，首先應先學做人，然後再求其他的學問。

【註解】①弟子：言為人弟與子者，泛指後生晚輩或學生。

【釋文】

　　孔子說：「少年子弟在家要孝順父母，出門要尊敬長上，言行要多用心思考，做到謹慎信實，與大家能友愛相處，而又能特別親近有仁德的人。這樣切實做到而還有餘力，就再要去修習詩書六藝等學問。」

章目（七）

　　子夏①曰：「賢賢易色，事父母能竭其力，事君能致其身，與朋友交，言而有信，雖曰未學，吾必謂之學矣。」

【主旨】本章認為求學仍以學做人為重。

【註解】①子夏：姓卜，名商，字子夏。孔子學生。

【釋文】

　　子夏說：「看重妻子的賢慧，而不是只看重她的姿色；事奉父母能竭盡心力；事奉君上能獻身於職責工作；跟朋友交往，能說話信實。這樣的人，雖自謙說沒有學過什麼做人做事的道理，我也必說他已經學習過了。」

章目（八）

　　子曰：「君子不重則不威，學則不固。主忠信，無友不如己者，過則勿憚改。」

【主旨】本章指出要求成為一個君子的基本原則。

【釋文】

孔子說：「君子行為不莊重，便顯得淺薄庸俗，有失威嚴；所學的知識也就不會深厚堅固。多親近講忠信的人，不要結交不如自己的人，才能方便隨時請益。有了過失，不要怕難而不肯改正。」

章目（九）

曾子曰：「慎終追遠，民德歸厚矣。」

【主旨】本章指出人若能始終尊重自己的長上，那麼大家的道德觀就自然深厚。

【釋文】

曾子說：「辦理親長喪禮要盡心盡哀，對祖先要誠敬緬懷。一般民眾都能做到這地步，社會的風俗道德，也就可謂篤厚了。」

章目（十）

子禽①問於子貢②曰：「夫子至於是邦也，必聞其政③，求之與？抑與之與？」子貢曰：「夫子溫、良、恭、儉、讓以得之。夫子之求之也，其諸異乎人之求之與！」

【主旨】本章指出孔子由於本身的道德修養表現，自然就易受人尊重。

【註解】①子禽：姓陳，名亢，字子禽。孔子學生。②子

貢：姓端木，名賜，字子貢。孔子學生。③必聞其政：聞，「聞問」；指互通政務消息。

【釋文】

子禽問子貢：「老師每到一國，必多少會參與聞問這國的政事，究竟是自己去求聞問的呢？還是有關人士自動請他幫忙的呢？」子貢說：「老師是以他的溫和、善良、恭敬、儉樸、謙讓五種美德得來的。如果說老師這種算是求得的，應也是和別人的求法不同吧！」

章目（十一）

子曰：「父在觀其志，父沒觀其行。三年無改於父之道，可謂孝矣。」

【主旨】本章討論一個人之是否盡孝的原則。

【釋文】

孔子說：「當父親在世時，做兒子的不能完全自行其是，只能看他的志向表達是否清楚合理。父親死後，卻就該看他的行為。在三年守喪期內，能不改父親生前所訂立的一般行事規則，就可說是做到尊重父親的孝道了。」

章目（十二）

有子曰：「禮之用，和為貴；先王之道，斯為美。小大由之。有所不行，知和而和，不以禮節之，亦不可行也。」

【主旨】本章討論禮節運用的一般原則。

【釋文】

　　有子說：「禮的進行過程中，以從容自在和諧為可貴；先王傳下來的道理中，最真誠美好的就在這裡。不論小事大事基本上都應依照這原則去做。但也有行不通的，就是如只知道一味的照著程序呆板進行，而忘了同時要遵守行禮的優雅要求時，也是會出問題的。」

章目（十三）

　　有子曰：「信近於義，言可復也；恭近於禮，遠恥辱也。因不失其親，亦可宗也。」

【主旨】本章分析各類重要的社會行為準則之間可以互相影響的關係。

【釋文】

　　有子說：「與人講信用，必先要求能有相當合理的內容基礎，諾言才可以說到做到。對人恭敬，必先求有相當接近禮節的行為表現，才不致於因誤會而遭受輕視侮辱。所親近的要不失為你所應當親近的人，那麼你也就可以自然地尊敬他了。」

章目（十四）

　　子曰：「君子食無求飽，居無求安。敏於事而慎於言，就有道而正焉。可謂好學也已。」

【主旨】本章呼應〈學而〉首章，強調一個人應把好學置於人生目標的首位。而知識學習的第一層次就是立志。

【釋文】

孔子說：「君子對飲食不求過分滿足，對居處不求過分安適。勤敏地做事，謹慎地說話，又能向有道之士來請益加深自己的修養。這樣可以說是好學了。」

章目（十五）

子貢曰：「貧而無諂，富而無驕，何如？」子曰：「可也。未若貧而樂，富而好禮者也。」

子貢曰：「《詩》云：『如切如磋，如琢如磨。』①其斯之謂與？」

子曰：「賜也，始可與言《詩》已矣。告諸往而知來者。」

【主旨】本章呼應〈學而〉首章，知識學習的第二層次。說明學者之間彼此切磋求學，原則在快樂有禮。

【註解】①如切如磋，如琢如磨：出自《詩經》〈衛風〉〈淇奧〉之詩句。

【釋文】

子貢說：「貧困時能不巴結諂媚人，富有時能不傲慢對待人，這種人怎麼樣？」

孔子說：「不錯了，但不如貧困而仍知足樂道，富有而仍安分好禮的人。」

　　子貢說：「《詩經》上說『就像治理骨角一樣，像治理玉石一樣，逐步地切磋琢磨，精益求精。』應就是這個話吧？」

　　孔子說：「賜呀，現在可跟你談談《詩》了。告訴你一些道理，你就能悟出其他更多道理來。」

章目（十六）

　　子曰：「不患人之不己知，患不知人也。」

【主旨】本章呼應〈學而〉首章，知識學習第三層次。說明一個人學習知識，最終要求的就是內在充實，而外在謙虛。

【釋文】

　　孔子說：「不要擔心別人不了解我是怎樣的一個人，而應擔心我是不是能了解別人是怎樣的一個人。」

篇目　為政第二

本篇主要講述學問及道德有所成就之後，用於治理國家服務社會的道理和方法。

章目（一）

子曰：「為政以德，譬如北辰①，居其所，而眾星共②之。」

【主旨】本章藉描述天象之秩序井然，以說明國家的領導者執政亦要遵守道德、規矩，以求圓滿。

【註解】①北辰：北極星。②共：同「拱」；環繞，朝向。

【釋文】

孔子說：「國君如先修養自己的道德操守來治理國政，那就好比北極星一樣，安定坐在天的固定位置成為標準。而一切大小眾星都會環繞著它各就各位，各司其職，自然運作。」

章目（二）

子曰：「《詩》三百①，一言以蔽之，曰思無邪②。」

【主旨】本章藉敘述《詩經》之思無邪，以言政治必須先求不生異心。

【註解】①詩三百：《詩經》共三百零五篇，三百是舉其大致數目。②思無邪：是《詩經》〈魯頌・駉〉裡的一句話。

【釋文】

孔子說：「《詩經》有三百篇，全部內容可用〈魯頌・駉〉篇裡的一句話來概括，就是表達的思想純正無邪。」

章目（三）

子曰：「道之以政，齊之以刑，民免而無恥；道之以德，齊之以禮，有恥且格。」

【主旨】本章敘述政治的實施，法治不如德治。

【釋文】

孔子說：「用政令來領導百姓，用刑罰來約束民眾；人民只求免於刑事罰則而已，根本不能建立羞恥之心。如果用道德觀念來感化他們，及以禮節來教導他們，人民不但有羞恥心，而且還活得有品格。」

章目（四）

子曰：「吾十有五而志於學；三十而立；四十而不惑①；五十而知天命；六十而耳順；七十而從心所欲，不踰矩。」

【主旨】本章為孔子自述個人一生求學及理解人生的過程。

【註解】①四十而不惑：本註採用西方學者蘇格拉底、康

德、愛因斯坦等人說法。認為人的感覺和理性都有缺陷，無法充分掌握真理的本質，所以世間也不會有誰說的話，是唯一的真理。而孔子本身亦在《論語》〈里仁第四‧八〉裡，提到「朝聞道，夕死可矣。」說明他對致力追求的道（真理），可能無法達到，已是心裡有數。但自己又不能放棄人生的理想。所以能做的，就只是「知其不可而為之」而已（《論語》〈憲問第十四‧四十一〉）。

【釋文】

　　孔子說：「我在約十五歲的時候，起始找到自己求學的興趣與目標，立志要探究人生的意義在哪裡。到了三十歲左右，對一般涉及人生意義的有關知識已大致有了基本的研究與認識；初步有成，能掌握各種學說的核心重點了。但是一直到四十歲左右，我卻才弄明白在各種解釋人生意義的學說中，其實又沒有任何一種是絕對完美而可作為最後定論的。那我們該怎麼辦？這一直到了五十歲左右，我又終於另知曉到人生真理雖或永遠無解，但上天既已要我們生存在世界上，祂應該不會讓我們白活的。祂不作統一規定，就是要保留我們活出各自生命意義的彈性，讓我們人在世間，有一個可供永恆追求，而又可能永遠達不到的目標；故雖對世事有「知其不可」的無奈，我們卻仍必須負起人要繼續「而為之」的與生俱來責任；這應就是天命的微妙人生意義道理啊。但我想的到底對不對呢？這件事本來就沒有標準答案；我雖然提出自己的理論，別人又不見得一致同意我的看法，因之我有時還受到他人的攻擊與譏諷。這在一段時間不免使

我難過，但也讓我得以持續檢討修正自己的有關理論，使之更為圓融。這樣直到約六十歲左右，我才做到對別人的逆耳批判聽了較不介意，而可以淡然處之的地步。現在時間又再過了十年，我已是年逾七十的老人了，現實已到晚年的階段。知其不可而為之的路途寂寞又漫長，我檢討自己一路走來，應該沒有太大的偏差，態度也很確定；然限於精神、體力的現實，卻可能會稍調整，行為仍不違背自己建立的人生方向，但不像以前那麼計較得失了。心意不變，腳步放緩，我就這樣一直走下去。」

章目（五）

孟懿子①問孝。子曰：「無違。」樊遲②御，子告之曰：「孟孫問孝於我，我對曰：『無違』。」樊遲曰：「何謂也？」子曰：「生，事之以禮；死，葬之以禮；祭之以禮。」

【主旨】本章說明一個人要盡孝必須先守禮。

【註解】①孟懿子：魯大夫，姓孟孫，名何忌。懿為諡號。孔子學生。②樊遲：名須，字子遲。孔子學生。

【釋文】

孟懿子向孔子問孝道。孔子說：「不要違背有關的禮節規矩。」稍後，樊遲替孔子駕車，孔子告訴他說：「孟孫向我問孝道，我對他說：『不要違背禮節規矩』。」樊遲說：「這怎麼說呢？」孔子說：「就是有始有終。父母在世，依

規定的禮節侍奉他們；死後，要依規定的禮節安葬他們，祭祀他們；不可馬虎草率。」

章目（六）

孟武伯①問孝。子曰：「父母唯其疾之憂。」

【主旨】本章強調子女盡孝，首先要愛護自己健康，免使父母為已擔憂。

【註解】①孟武伯：孟懿子之子，名彘。武為諡號。

【釋文】

孟武伯向孔子問孝道。孔子說：「做父母最擔心的就是子女身體的健康安全問題。做兒女的，要小心不去招惹疾病、是非，就是孝了。」

章目（七）

子游①問孝。子曰：「今之孝者，是謂能養。至於犬馬，皆能有養；不敬，何以別乎？」

【主旨】本章強調子女必須要對父母有敬心。

【註解】①子游：姓言，名偃，字子游。孔子學生。

【釋文】

子游向孔子問如何孝順父母。孔子說；「現在所謂孝順的人，只是在物質生活方面能供養父母。我們一般對家裡的

狗、馬等，也都能將它們餵飽；如果對父母不存有敬心，那跟養狗、養馬有什麼分別呢？」

章目（八）

　　子夏問孝。子曰：「色難。有事，弟子服其勞，有酒食，先生饌，曾是以為孝乎？」

【主旨】本章強調子女不可對父母有任何不敬的神色。

【釋文】

　　子夏問孝道。孔子說：「難在子女要保持和顏悅色來順從父母。假使僅僅做到有事由年輕人操勞；有了酒飯，就讓長者先吃喝，這就可算是孝嗎？」

章目（九）

　　子曰：「吾與回①言終日，不違如愚。退而省其私②，亦足以發。回也，不愚！」

【主旨】本章稱讚顏回對長上的執禮發自內心。

【註解】①：回：姓顏，名回，字子淵。孔子學生。②私：私下的行為。

【釋文】

　　孔子說：「我整天和顏回討論學問，他從不提意見，像愚笨的人一樣。等他離開後，我觀察他私下的言論行為，卻很能把我所說的道理發揮出來。顏回，並不愚笨啊！」

章目（十）

　　子曰：「視其所以①，觀其所由②，察其所安③，人焉廋哉④！人焉廋哉！」

【主旨】本章指出觀察人日常行為傾向的方法原則。

【註解】①以：所為，所作為者。②由：依從，所依從的原因。③安：喜好，心之所喜好的。④廋：隱藏起來。

【釋文】

　　孔子說：「先看他所做的事是趨善或趨惡，再觀看他做那件事的動機，然後審察他做這件事，是不是真正內心所喜歡做的。用這方法觀察一個人的行為人格，他怎麼隱瞞得過人呢！怎麼瞞得過人呢！」

章目（十一）

　　子曰：「溫故而知新，可以為師矣。」

【主旨】本章指出要成為一位教師的最基本要領。

【釋文】

　　孔子說：「一個人能不斷自勵，不停地溫習以前所學的知識，而又能從中體悟出新的道理來，就有可以做別人師長的資格了。」

章目（十二）

子曰：「君子不器①。」

【主旨】本章言君子必須善用其理性處事。

【註解】①君子不器：本註採用德哲康德在他的《道德形上學》一書裡提出「人是目的，而不是達到目的之工具手段」的看法。可能較合孔子原意。此意義已有多人論及，例如連育平即在其（〈《論語》「君子不器」新詮──從傳統詮釋與康德目的論談起〉，《當代儒學研究》〔桃園市：中央大學，2012年〕，頁23-47）一文中，有相當詳細說明。

【釋文】

孔子說：「人是意志自由的，我們要知道人與單純的器具不同。所以君子不可以被人只當成器具來使用，也不可把人只當成器具來使用。」

章目（十三）

子貢問君子。子曰：「先行其言，而後從之。」

【主旨】本章指明一個人的行為應與思考、言語並重。

【釋文】

子貢問孔子如何才算是君子。孔子說：「君子通常在沒說以前先做事，做到好了然後才說。」

章目（十四）

子曰：「君子周而不比①，小人比而不周。」

【主旨】本章指出君子與小人一般待人行為的不同。

【註解】①比：結黨。

【釋文】

孔子說：「君子待人公正周到而不喜做少數人結黨營私的事。小人喜結黨營私而不能待人公正周到。」

章目（十五）

子曰：「學而不思則罔①，思而不學則殆②。」

【主旨】本章說明一個人求學時，學習與思考並重。

【註解】①罔：不顯著，不紮實。②殆：危殆，犯錯誤。

【釋文】

孔子說：「只知讀書，而不去思索，是缺乏實用價值的；這種學習效果就傾向表面化而不紮實，處事就不易再有創新進步的機會。只知思索，而不去讀書，是缺乏方向系統的；這種結果因缺乏基本知識的支撐，處事全憑主觀意識，就容易犯錯誤。」

章目（十六）

子曰：「攻乎異端①，斯害也己。」

【主旨】本章強調言論自由。

【註解】①攻乎異端：本註採用現代尊重「言論自由」的原則，認為不宜將任何不同於自己看法的思想，即視為異端邪說。「異端」一詞，在這裡作為「不同之另一端意見」解。

【釋文】

孔子說：「人是意志自由的；每個人的意志、思想都是獨特的，沒有兩個人對一件事的看法會完全一致。所以我們必須尊重他人的言論自由。如果隨便因有人與自己的意見不同就加以攻擊，那是很不妥當的做法。」

章目（十七）

子曰：「由①，誨女②知之乎？知之為知之，不知為不知，是知也。」

【主旨】本章說明怎麼才算是學會了一項新知識。

【註解】①由：姓仲，名由，字子路，亦稱季路。孔子學生。②女：同「汝」。

【釋文】

孔子說：「仲由啊，你知道我現在教你怎樣才算是學會

一項新知識嗎？那就是懂了的就說懂了，不懂的就說還不懂；這才是真正求知的態度。」

章目（十八）

　　子張①學干祿。子曰：「多聞闕②疑，慎言其餘，則寡尤③；多見闕殆④，慎行其餘，則寡悔。言寡尤，行寡悔，祿在其中矣！」

【主旨】本章說明求祿位的合理原則。

【註解】①子張：姓顓孫，名師，字子張。孔子學生。②闕：空也。有擱置之義。③尤：過失。指外來的責難。④殆：心有所未安。

【釋文】

　　子張想要學出仕得俸祿的方法。孔子說：「要能做到有彈性見識。各種道理要先多聽別人說的，把你覺得可疑的擱置，其餘有把握也要謹慎地說出來，便可減少講錯話。多看別人行事，把你覺得不適當的擱置，其餘有把握也要謹慎地來做，便可減少辦錯事。說話少犯錯，行事少反悔，祿位就自然跟著來了。」

章目（十九）

　　哀公①問曰：「何為則民服？」孔子對曰：「舉直錯諸枉，則民服；舉枉錯諸直，則民不服。」

【主旨】本章說明治理國家,而能獲得人民信服的方法。

【註解】①哀公:魯君,姓姬,名蔣,定公之子。哀為諡號。

【釋文】

　　魯哀公問孔子:「怎樣做才可以使老百姓信服?」孔子答道:「舉用正直的人做官,把他安置在不正直的人上面,老百姓便信服了。舉用不正直的人,安置在正直的人上面,老百姓便不信服了。」

章目(二十)

　　季康子①問:「使民敬忠以勸,如之何?」子曰:「臨之以莊,則敬;孝慈,則忠;舉善而教不能,則勸。」

【主旨】本章說明要使老百姓敬忠以勸,則領導人必須先從要求自己行為正確做起。

【註解】①季康子:魯國大夫,姓季孫,名肥。康為諡號。

【釋文】

　　季康子向孔子請教:「施政想做到民眾尊敬長上,又能盡忠,而且能以此相互勸勉,要怎樣才行呢?」孔子說:「在上位的人能以莊重的態度對待民眾,民眾自然會趨向誠敬;能孝順父母,慈愛民眾,民眾自然會盡忠;能舉用善良的人,用心教導那些知識、品德尚待加強的人,民眾自然會相互勸勉上進。」

章目（二十一）

　　或謂孔子曰：「子奚不為政？」子曰：「《書》①云：『孝乎，惟孝友于兄弟。』施②於有政，是亦為政，奚其為為政？」

【主旨】本章指出一個人做好孝友的行為也等於做了對國家政事的示範。

【註解】①書：《尚書》〈君陳〉篇語句。②施：施行。

【釋文】

　　某人對孔子說：「先生為什麼不做官從政？」孔子說：「《尚書》上說：『孝啊，就是能孝順父母的人，必能友愛兄弟。』同理把孝順、友愛推廣到國家，就可影響到一國的風氣；這也算是從政了。又何必要有官位才算從政呢？」

章目（二十二）

　　子曰：「人而無信，不知其可也。大車無輗①，小車無軏②，其何以行之哉？」

【主旨】本章強調一個人不可不守信。

【註解】①輗：大車鎖住兩旁伸出轅木前橫木的鍵扣。②軏：小車鎖住兩旁伸出轅木前橫木的鍵扣。

【釋文】

孔子說：「一個人如果不能讓人信任，我不知道怎樣可以在社會上與人溝通聯繫。就好比大車沒有能鎖住車前拴馬橫木的鍵扣，小車也沒有能鎖住車前拴馬橫木的鍵扣；又怎麼能來連結馬匹和車輛，使車子走動呢？」

章目（二十三）

子張問：「十世可知也？」子曰：「殷因於夏禮，所損益可知也；周因於殷禮，所損益可知也。其或繼周者，雖百世，可知也。」

【主旨】 本章說明國家歷史制度的演化，必有其軌跡可循。

【釋文】

子張問孔子：「十個朝代以後的事，我們可預先知道嗎？」孔子說：「商代因襲夏代的禮制，有所增減的，現在仍可以考據知道；周代因襲商代的禮制，有所增減的，現代也仍可以考據知道。那麼接下來接續周朝的各個朝代，其間或有內容的增減，但雖是一百個朝代以後的事，只要有心規劃，也是可以留存記錄知道的。」

章目（二十四）

子曰：「非其鬼而祭之，諂也。見義不為，無勇也。」

【主旨】 本章言凡事做或不做，均有其選擇道理存在。

【釋文】

　　孔子說：「不是自己應當祭拜的鬼神而去祭拜，那就是諂媚的事。遇到道義上明知應當做的事而不做，那就是缺乏勇氣的表現。」

篇目　八佾第三

本篇記載孔子談論禮樂教化的原理和功能。

章目（一）

孔子謂季氏①：「八佾②舞於庭。是可忍也，孰不可忍也？」

【主旨】本章指出魯大夫季氏僭禮之不妥。

【註解】①季氏：魯國權臣季孫氏。②佾：舞的行列。

【釋文】

孔子批評魯國權臣季氏：「他竟在家廟庭中私下使用周天子分列八行，每行八人的浩大舞樂。像這樣僭越禮節的事如可以容忍，還有什麼事不可容忍呢？」

章目（二）

三家①者以〈雍〉徹②。子曰：「『相維辟公，天子穆穆。』③奚取於三家之堂？」

【主旨】本章指出魯國三家權臣僭禮之不妥。

【註解】①三家：指魯國大夫季孫氏、叔孫氏、孟孫氏三家長期把持魯國政治。②〈雍〉徹：天子宗廟之祭，撤祭品

時，歌雍詩以娛神；雍在《詩經》上的原字為「雝」。徹，
同「撤」；祭畢而收祭品。③相維辟公，天子穆穆：《詩經》
〈雍〉詩裡的兩句。相，同「助」。辟公：諸侯。穆穆，深
遠貌。

【釋文】

　　魯國大夫季孫、叔孫、孟孫三家，家祭撤除祭品時，也
歌唱〈雍〉詩。孔子說：「詩上指出：『助祭的都是諸侯，天
子的儀容莊嚴肅靜。』這情景用在三家的廟堂上來唱，又取
它那一點意義呢？」

章目（三）

　　子曰：「人而不仁，如禮何？人而不仁，如樂何？」

【主旨】本章說明禮樂的根本乃在仁道的發揮。

【釋文】

　　孔子說：「人如果沒有仁心，就算不上是人了。即使行
禮，又怎能算是真正的行了禮呢？人如果沒有仁心，即使奏
樂，又怎能算是真正的奏了音樂呢？」

章目（四）

　　林放①問禮之本。子曰：「大哉問！禮，與其奢也，寧
儉；喪，與其易②也，寧戚。」

【主旨】本章說明禮樂的進行合宜，在於人心適當的表現。

【註解】①林放：魯國人。②易：熟習有關的喪葬規矩。

【釋文】

　　林放向孔子問禮的主要原則。孔子說：「你問得真有水準！一般的禮，與其過於重視繁文縟節，奢侈浪費，寧可檢樸些。喪禮，與其著重外表的虛文，寧可以內心的哀戚來表示誠意。」

章目（五）

　　子曰：「夷狄之有君，不如諸夏之亡也。」

【主旨】本章感嘆目前國內的文化不安定，已落後於其他國家。

【釋文】

　　孔子說：「我們鄰近文化程度較低的夷狄國家，尚且知道有君長，不像目前中國諸侯僭亂，反而沒有君臣上下的分際了。」

章目（六）

　　季氏旅於泰山①。子謂冉有②曰：「女弗能救與？」對曰：「不能。」子曰：「嗚呼！曾謂泰山不如林放乎？」

【主旨】本章譴責季氏僭禮祭泰山。

【註解】①旅於泰山：旅，祭祀之名。泰山，山名，在魯

國。古時天子始能祭泰山。季氏去祭泰山，是一種僭越。②冉有：孔子學生，名求，當時是季氏家臣。

【釋文】

季氏僭越周天子的禮，要去祭泰山。孔子對冉有說：「你不能設法挽救這事嗎？」冉有答道：「我沒辦法。」孔子歎道：「真令人難過啊！難道說泰山之神還不如林放那樣懂得禮，而願意接受不合規矩的祭祀嗎？」

章目（七）

子曰：「君子無所爭，必也射乎！揖讓而升，下而飲。其爭也君子。」

【主旨】本章指出射禮是一種君子之爭。

【釋文】

孔子說：「君子對人沒什麼好爭勝。如有，那或在行射禮的時候吧！這種競爭，還要求在開始時，相互作揖行禮，然後升堂射箭。射完後，又相互揖讓下堂。勝的人再揖讓敗的人飲酒。這樣雍容謙遜的競爭，是君子依禮之爭。」

章目（八）

子夏問曰：「『巧笑倩兮，美目盼兮，素以為絢兮。①』何謂也？」子曰：「繪事後素。」曰：「禮後乎？」子曰：「起予者商②也！始可與言《詩》已矣。」

【主旨】本章說明子夏因論詩而及於言禮之學。

【註解】①巧笑倩兮三句：此上兩句，見《詩經》〈碩人〉；其下一句，是逸詩。②商：姓卜，名商，字子夏。孔子學生。

【釋文】

　　子夏問道：「古詩上說：『美妙的笑容襯托得雙頰多好看呀，黑白分明的眼睛流轉得多嫵媚呀，以粉白的底子再畫上五彩的顏色呀。』這三句詩是指什麼？」孔子說：「這是說畫畫先把白底抹好，然後再畫上五彩的顏色。」子夏說：「這不就是人先要有純樸的本質，然後再用禮來文飾嗎？」孔子說：「卜商呀！你這話啟發了我，以後可以跟你談論《詩經》了！」

章目（九）

　　子曰：「夏禮，吾能言之，杞①不足徵也；殷禮，吾能言之，宋②不足徵也；文獻不足故也。足，則吾能徵之矣。」

【主旨】本章說明杞、宋兩國的人，沒有保存好典冊，現已不足為徵驗了。

【註解】①杞：周朝成立之後，封原夏朝的後裔於杞。②宋：周朝成立之後，封原商朝的後裔於宋。

【釋文】

　　孔子說：「夏代的禮制，我仍能說出大概來，可惜目前杞國所保存的文獻史料，已經不足取證了。商代的禮制，我

也能說出大概來，可惜目前宋國所保存的文獻史料，已經不足取證了。因為兩國所留的典籍不充分的緣故，如果充足便能證實我所說的話了。」

章目（十）

子曰：「禘①自既灌②而往者，吾不欲觀之矣。」

【主旨】本章指出魯國的禘祭已經不如往昔。

【註解】①禘：王者五年一次的大祭。②灌：用酒灑地降神。

【釋文】

孔子說：「魯國每五年舉行禘祭，當進行到奠酒禮，獻灌降神後，與祭的人誠敬的心意已散，我就不想再看了。」

章目（十一）

或問禘之說。子曰：「不知也。知其說者之於天下也，其如示①諸斯乎！」指其掌。

【主旨】本章藉禘祭來說明以禮治天下的重要性。

【註解】①示：同「視」。

【釋文】

有人問關於禘祭的道理。孔子說：「我不曉得呀。若有人知道禘祭的含義，並推廣來治天下，那就好比看這個一樣容易明白了。」說著，他指指自己的手掌。

章目（十二）

　　祭如在，祭神如神在。子曰：「吾不與祭，如不祭。」

【主旨】本章強調祭禮的實施必須誠敬。

【釋文】

　　祭祖時，就好像祖先在上受祭；祭神時，就好像神明在上受祭。孔子說：「我自己若未能親自參加祭禮，雖有人代我祭了，我也會因誠敬不足，就好像未曾祭祀過一樣。」

章目（十三）

　　王孫賈①問曰：「『與其媚於奧，寧媚於竈』，何謂也？」子曰：「不然。獲罪於天，無所禱也。」

【主旨】本章說明祭禮均以誠敬為主，沒有大小遠近之分。

【註解】①王孫賈：衛國大夫。

【釋文】

　　王孫賈問道：「俗語說：『與其諂媚房屋西南角地位較高的奧神，不如諂媚於廚房地位較低的竈神，比較實在。』這是什麼意思？」孔子答道：「沒有這麼簡單。因為做事如違背常理，得罪於上天，那無論到什麼地方去禱告，也是沒有用的。」

章目（十四）

子曰：「周監①於二代，郁郁乎文哉！吾從周。」

【主旨】本章推崇周禮的完美。

【註解】①監：監，視也。

【釋文】

孔子說：「周代的各項體制，是看重夏、商兩代加以修訂來的；因此禮樂制度文物等美盛極了！我當然是主張遵從周代的體制。」

章目（十五）

子入大廟①，每事問。或曰：「孰謂鄹②人之子知禮乎？入大廟，每事問。」子聞之，曰：「是禮也。」

【主旨】本章說明孔子對祭禮的敬謹細心，力求自己不出失禮的意外。

【註解】①大廟：大，同「太」；魯國周公廟。②鄹：魯邑名，孔子家鄉。孔子父叔梁紇，曾任鄹邑大夫。

【釋文】

孔子初任魯國大夫的時候，首次進入周公廟助祭，見到每件事都去問人，結果有人便譏笑他說：「誰說這個鄹人的兒子知禮呢？進入周公廟，每件事都要問人。」孔子聽到

了，便說：「凡事謹慎，不懂的便問，這就是要求自己的所為合禮啊。」

章目（十六）

子曰：「射不主皮，為力不同科，古之道也。」

【主旨】本章說明射禮的原則要領。

【釋文】
孔子說：「在射箭技藝比賽中，只注重射中目標，不一定要貫穿箭靶的皮革，因是考慮每個人的體力大小不同，這是古代射禮的道理啊。」

章目（十七）

子貢欲去告朔①之餼②羊。子曰：「賜也！爾愛其羊，我愛其禮。」

【主旨】本章說明孔子重視古禮傳統的保留。

【註解】：①告朔：告，頒佈政令；朔，陰曆每月初一。魯國君原在每月初一均行告朔禮，後來因國君經常不親自參加，典禮逐漸流為形式。②餼：殺而未烹的生牲。

【釋文】
子貢因魯君的不加重視，提議要把每月初一行告朔禮時所供奉殺而未烹的餼羊免掉。孔子說：「賜啊！你是愛惜那隻羊，我卻愛惜那種禮制，目前仍不宜隨便就加以更改內容。」

章目（十八）

子曰：「事君盡禮，人以為諂也。」

【主旨】本章批判有些權臣對國君欠缺禮敬。

【釋文】

孔子說：「謹敬地依禮去事奉君主，有時一般人反而說他是諂媚。」

章目（十九）

定公①問：「君使臣，臣事君，如之何？」孔子對曰：「君使臣以禮，臣事君以忠。」

【主旨】本章說明君臣之間互相合理的禮敬。

【註解】①定公：魯國君，名宋。定為諡。

【釋文】

魯定公問：「國君差遣臣子，臣子事奉國君，該怎樣做才適當呢？」孔子答道：「國君差遣臣子要有禮數，臣子事奉國君要盡忠來回報。」

章目（二十）

子曰：「〈關雎〉①，樂而不淫②，哀而不傷③。」

【主旨】本章讚美《詩經》〈關雎〉這一篇的內容。

【註解】①關雎：《詩經》〈國風‧周南〉之首篇，主要內容為描述青年男女的互相仰慕思念之情。②淫：樂之過而失其正。③傷：哀之過而害於和。

【釋文】

　　孔子說：「《詩經》〈關雎〉這篇詩，有表現抒情快樂的文句，但不至於放蕩過分。有表現難過的文句，但不至於萎靡頹廢。」

章目（二十一）

　　哀公問社①於宰我②。宰我對曰：「夏后氏以松，殷人以柏，周人以栗，曰：『使民戰栗』。」子聞之，曰：「成事不說，遂事不諫，既往不咎。」

【主旨】本章責備宰我對歷史事蹟不可隨意而說。

【註解】①社：指建立社主。社，土神；主，土神的木製牌位。②宰我：名予，字子我。孔子學生。

【釋文】

　　魯哀公問宰我製作社主要用什麼木材。宰我回答道：「夏代用松木，殷代用柏木，周代用栗木。周代用栗木的用意是要使老百姓戰慄害怕。」孔子聽到後，責備宰我荒謬而帶有暴力意涵的答覆說：「已經做了的事，不必再重提了；已經完成的事，不必再解釋了；已經過去的事，不必再追究了。」

章目（二十二）

子曰：「管仲①之器小哉！」或曰：「管仲儉乎？」曰：「管氏有三歸，官事不攝，焉得儉？」「然則管仲知禮乎？」曰：「邦君樹塞門，管氏亦樹塞門。邦君為兩君之好，有反坫②，管氏亦有反坫。管氏而知禮，孰不知禮？」

【主旨】本章批評管仲的氣度仍嫌小。

【註解】①管仲：姓管，名夷吾，字仲。齊大夫。相齊桓公，霸諸侯。②反坫：坫，築土為台，古者兩君相會，主人酌酒進賓，飲畢，置空爵於坫上，曰反坫。

【釋文】

孔子說：「管仲的器量卑狹啊！」有人問道：「管仲太節儉麼？」孔子說：「管子有三個公館，替他做事的官吏都是一人管一事，不兼職，這樣怎算得節儉？」那人又問道：「那麼管仲懂得禮節嗎？」孔子說：「國君宮殿門前樹立屏風，以遮蔽內外；管仲家門前也立屏風。兩國君為交誼設宴時，兩邊設有放酒杯的土坫，管仲宴客也設有那樣的土坫。如果說管仲懂得禮節，那還有誰不懂得禮節呢？」

章目（二十三）

子語魯大師樂，曰：「樂其可知也。始作，翕①如也；從之，純②如也，皦③如也，繹④如也。以成。」

【主旨】本章記下孔子告訴魯國樂官一般音樂演奏的過程。

【註解】①翕：相合。②純：和諧。③皦：清晰。④繹：連續不斷。

【釋文】

孔子與魯國的樂官討論演奏音樂的道理說：「音樂演奏全部的節奏是可以知道的。起先是各種音調一起開始發動；接下來，音調越來越趨向和諧，節奏都清爽分明，自由自在地相連不絕。於是整個樂曲演奏完成了。」

章目（二十四）

儀封人①請見，曰：「君子之至於斯也，吾未嘗不得見也。」從者見之。出曰：「二三子何患於喪②乎？天下之無道也久矣，天將以夫子為木鐸③。」

【主旨】本章藉儀封人之口，說明孔子的道德言行可為世人的典範。

【註解】①儀封人：儀，衛國邑名。封人，掌封疆的官吏。②喪：沒有官位。③木鐸：金屬製成之鈴，內裝木舌。施政時搖響，以警眾者也。

【釋文】

衛國儀邑的封疆官請求孔子接見他，說：「只要有德行的君子到我們這裡，我從沒有不會面的。」孔子的隨行學生便請求孔子接見了他。他見過孔子，告辭出來後，對孔子的學生說：「諸位，何必憂慮你們的老師沒有官位呢？天下混

亂無道已經很久了，上天將把你們的老師當做警醒眾人的木
鐸。」

章目（二十五）

子謂〈韶〉：「盡美矣，又盡善也。」謂〈武〉：「盡美
矣，未盡善也。」

【主旨】本章討論〈韶〉、〈武〉之樂的差別。

【釋文】

孔子提到虞舜時的〈韶〉樂說：「聲調很美盛了，內容
又十分完善了。」提到武王時的〈武〉樂說：「聲調很美
盛，但內容未達完善，有殺伐之聲。」

章目（二十六）

子曰：「居上不寬，為禮不敬，臨喪不哀，吾何以觀之
哉？」

【主旨】本章指出一個身居上位者的行為要領。

【釋文】

孔子說：「居於上位，卻沒有寬容的氣量，行禮時不專
注恭敬，弔祭時沒有哀傷心情；這種人，我還有什麼可期待
的呢？」

篇目　里仁第四

本篇講述一個人要多為自己安排能處於仁德境遇的道理。另指明孔子的一貫之道，就是「恕」道。

章目（一）

子曰：「里仁為美。擇不處仁，焉得知？」

【主旨】本章說明居住應選擇風俗仁厚的鄰里。

【釋文】

孔子說：「居住的鄰里中要有仁厚的風氣才好。我們的住家，不選在風俗仁厚的地方，怎能算是明智而能辨是非呢？」

章目（二）

子曰：「不仁者，不可以久處約，不可以長處樂。仁者安仁，知者利仁。」

【主旨】本章勸勉凡人隨時都應保持仁知之心。

【釋文】

孔子說：「不仁的人無法長久平靜地處在窮困的環境中，也無法長久平靜地處在安樂的環境中，而不出問題。有仁德的人，不論在任何條件中，都可以安於仁道而行仁。明智的人，知道仁的好處，所以也能擇善行仁。」

章目（三）

子曰：「惟仁者，能好人，能惡人。」

【主旨】本章指明只有重視仁德的人，方能公正待人。

【釋文】

孔子說：「只有仁人能無私地喜愛那些應當被喜愛的人，能適當地厭惡那些應當被厭惡的人。」

章目（四）

子曰：「苟志於仁矣，無惡也。」

【主旨】本章勉勵要人追求仁德，自然去惡。

【釋文】

孔子說：「一個人能存心為仁，他就不會傾向做壞事了。」

章目（五）

子曰：「富與貴，是人之所欲也，不以其道得之，不處也。貧與賤，是人之所惡也，不以其道得之，不去也。君子去仁，惡乎成名？君子無終食之間違仁，造次①必於是，顛沛②必於是。」

【主旨】本章強調人不可因富貴貧賤的處境而放棄仁德。

【註解】①造次：匆促之間。②顛沛：困頓挫折的時候。

【釋文】

　　孔子說：「富有與尊貴這些事，是人人所喜愛的；但不該得到而得到了，君子將不享有它。貧窮與卑賤這些事，是人人所討厭的；但不應該得到而得到了，君子將不排斥它。君子如果離開了仁道，又怎能稱得上君子之名呢？君子是沒有一頓飯的時間會離開仁的。倉忙急促的時候一定和仁同在，困頓挫折的時候也仍守住仁。」

章目（六）

　　子曰：「我未見好仁者，惡不仁者。好仁者，無以尚之；惡不仁者，其為仁矣，不使不仁者加乎其身。有能一日用其力於仁矣乎？我未見力不足者。蓋有之矣，我未之見也！」

【主旨】本章認為一個人的仁與不仁，基本上只是看他是不是認真去做而已。

【釋文】

　　孔子說：「我沒有見過真正喜愛仁道的人和憎惡不仁道的人。真正喜愛仁道的人，就是最好的。真正憎惡不仁道的人，他實行仁道時，不使不合仁道的事沾上自己。真有人肯花一天的功夫致力在仁道上嗎？我沒有見過真心想行仁而做不到的人。或許會有，但是我還沒見過啊！」

章目（七）

子曰：「人之過也，各於其黨。觀過，斯知仁矣。」

【主旨】本章說明觀察人犯過是有心或無心，就知道他對仁德的修養。

【釋文】

孔子說：「人會犯的過失，有各種高低不同的模式。只要觀察他所犯的過失，便可以知道他存有的仁心，到底有幾分了。」

章目（八）

子曰：「朝聞道，夕死可矣！」

【主旨】本章認為真理難得，但卻不應該放棄追求。

【釋文】

孔子說：「早上能悟得時空下人事物的真理，就是當晚就死亡，也已了然無憾。」

章目（九）

子曰：「士志於道，而恥惡衣惡食者，未足與議也！」

【主旨】本章強調人應持續追求真理，不可因衣食享受的問題而放棄理想。

【釋文】

孔子說：「一個讀書人既稱專心追求真理，卻又老認為自己穿得不好，吃得不好是慚愧的事。他的見識就顯然有限，那便不值得和他討論真理了。」

章目（十）

子曰：「君子之於天下也，無適也，無莫也，義之於比。」

【主旨】本章指出君子在世上處事，不可一味固執個人成見，而只應要求合理。

【釋文】

孔子說：「君子對於這世界上的事，沒有一定要怎樣做，也沒有一定不要怎樣做。關鍵的是，只求做得合義理。」

章目（十一）

子曰：「君子①懷德，小人②懷土。君子懷刑，小人懷惠。」

【主旨】本章認為君子與小人的基本存心就有所不同。

【註解】①君子：有基本道德修養的人。②小人：沒有基本道德修養的人。

【釋文】

孔子說：「君子存心在道德的增進，小人存心在田產財富的增加。君子留心著法制的遵行，小人留心著利益的獲得。」

章目（十二）

子曰：「放於利而行，多怨。」

【主旨】本章強調人若行事只顧個人利益，則容易招來他人的怨懟。

【釋文】

孔子說：「做事一意以追求私利為目標，就必會損人利己，招來許多怨恨。」

章目（十三）

子曰：「能以禮讓為國乎，何有？不能以禮讓為國，如禮何？」

【主旨】本章認為承擔治國大任者，必須在對人對事的行為上，要常保有謙虛和諧之心。

【釋文】

孔子說：「能以合宜和謙虛的態度方法來治國，那還有什麼事會有困難呢？如果治國不能合宜謙虛，只徒有制度的虛文，又怎會做得好呢？」

章目（十四）

子曰：「不患無位，患所以立。不患莫己知，求為可知也。」

【主旨】本章強調一個有志氣的人，凡事均求在己而不在他人。

【釋文】

孔子說：「不要只擔心得不到某項職位，該擔心的應是自己有沒有足夠的才德來做好這項工作。不要只擔心別人不知道自己，該追求的是自己要建立起可以被人知道的好名聲來。」

章目（十五）

子曰：「參①乎！吾道一以貫之②。」曾子曰：「唯。」子出，門人③問曰：「何謂也？」曾子曰：「夫子之道，忠恕④而已矣！」

【主旨】本章說明忠恕之道。

【註解】①參：曾子之名，孔子學生。②吾道一以貫之：就是說孔子之道，不論講仁講義講禮講誠等千端萬緒，都可以用一個道理貫通，就是以「己所不欲，勿施於人」為基本要領。③門人：弟子也。指孔子門下學生。④忠恕：盡己曰忠，推己及人曰恕。就是指要盡心竭力來做好「己所不欲，勿施於人」這件事。

【釋文】

　　孔子說：「曾參啊，我平日所講的許多道理，在實踐上，其實都在堅持貫徹一個基本原則而已。」曾子答道：「是的。」孔子出去後，別的學生問曾子說：「這話怎麼講呢？」曾子說：「老師的一貫之道，就是要我們盡心竭力，從頭到尾做好一個『恕』字就對了。」

章目（十六）

　　子曰：「君子喻①於義，小人喻於利。」

【主旨】本章以義利之別，分辨君子、小人的不同。

【註解】①喻：比喻、知曉。

【釋文】

　　孔子說：「君子只問該做合理的事，小人只問做有利於己的事。」

章目（十七）

　　子曰：「見賢思齊焉，見不賢而內自省也。」

【主旨】本章以賢人為準，做為個人反省的依據。

【釋文】

　　孔子說：「見到賢德的人，就應當努力學習和他一樣好。見到不賢的人，就應當反省自己有沒有像他一樣不良的行為。」

章目（十八）

子曰：「事父母幾諫①，見志不從，又敬不違，勞而不怨。」

【主旨】本章說明孝順的基本原則，就是對父母的態度要柔順。

【註解】①幾諫：幾，較少數，較輕柔的程度方式。諫，規勸。

【釋文】

孔子說：「子女侍奉父母，遇父母有錯失時，當柔聲輕微地提出自己的意見看法。但父母的心意如有不聽從的表示，做子女依然要恭順，不可以違抗父母的意思。雖然內心有壓力，但不可怨恨。」

章目（十九）

子曰：「父母在，不遠遊；遊必有方。」

【主旨】本章說明要多接近父母，亦為重要盡孝之道。

【釋文】

孔子說：「父母在世，以不出遠門為原則；如不得已要出遠門，要先將去處及去的理由，詳細讓父母明白。」

章目（二十）

子曰：「三年無改於父之道，可謂孝矣。」

（本章重出，見〈學而〉篇第十一章後段。）

章目（二十一）

子曰：「父母之年，不可不知也；一則以喜，一則以懼。」

【主旨】本章說明要記好父母的年歲，亦為重要盡孝之道。

【釋文】

孔子說；「父母的年齡，不可以不記在心裡。一方面欣喜父母享高壽，一方面憂懼父母身體已趨衰老。」

章目（二十二）

子曰：「古者言之不出，恥躬①之不逮②也。」

【主旨】本章強調一個人說話及行為要盡量慎言、躬行。

【註解】①躬：躬行，親自為之。②不逮：做不到。

【釋文】

孔子說：「古人不肯隨意做承諾；就是怕自己做不到時，成為自己的恥辱。」

章目（二十三）

子曰：「以約失之者，鮮矣！」

【主旨】本章強調自我約束的重要性。

【釋文】

孔子說：「能對自己行為知所約束而仍犯過失，是很少有的！」

章目（二十四）

子曰：「君子欲訥①於言，而敏於行。」

【主旨】本章強調少說話、多做事的好處。

【註解】①訥：言語不輕易出口。

【釋文】

孔子說：「君子說話要慎重，不輕易出口，做事卻要勤快。」

章目（二十五）

子曰：「德不孤，必有鄰。」

【主旨】本章勉勵修德，以向賢人看齊。

【釋文】

　　孔子說：「有品德的人不會孤獨寂寞；不管到何處，都會有志同道合的人來和他為伴。」

章目（二十六）

　　子游曰：「事君數，斯辱矣；朋友數，斯疏矣。」

【主旨】本章指出對君王和對一般朋友一樣，都不可太過去煩擾、嘮叨他。

【釋文】

　　子游說：「事奉國君過於急躁，有事沒事經常去建議他；這樣反而會招致屈辱。對待朋友過於急躁，經常去嚕嗦他；這樣反而會被疏遠。」

篇目　公冶長第五

本篇主要為孔子講評幾位弟子等言行及其得失之處。

章目（一）

　　子謂公冶長①：「可妻也。雖在縲絏②之中，非其罪也。」以其子妻之③。

【主旨】本章敘述孔子藉誇獎公冶長來表達其主張男女平等及自由戀愛的態度。

【註解】①公冶長：姓公冶，名長，字子長。孔子學生，其後為孔子女婿。②縲絏：古時以綑綁罪犯的黑色繩索。③以其子妻之：《論語》每章通常都有微言大義存在。「以其子妻之」這一句話，本書參考邵耀成在《孔子這個人》（臺北市：商務印書館，2010年，頁215）的看法，說的是兒女婚姻的家常事。公冶長坐過牢，孔子不但為他辯白，又還要把女兒嫁給他。很可能另指的是在那時的封建年代，孔子就已有贊成男女平等及自由戀愛的態度。公冶長和孔子的女兒平日或在某種機緣下，產生相遇互動的機會，情愫已暗中滋長。孔子看在眼裡，而且公冶長確實也不是什麼不好的人，於是就順水推舟，促成兩人的姻緣了。

【釋文】
　　孔子說公冶長這個人：「是個好人，可以放心把女兒嫁

給他；雖然他曾坐過牢，但不是他的罪過。」便把自己的女兒嫁給他。

章目（二）

　　子謂南容①：「邦有道，不廢；邦無道，免於刑戮。」以其兄之子妻之。

【主旨】本章可能亦是表達孔子尊重男女平等、自由戀愛的心意。

【註解】①南容：姓南宮，名縚，又名适，字子容，亦稱南容。孔子學生。這一章與上章可能意義類似。孔子尊重男女平等、自由戀愛，順水推舟，促成其為兄孟皮之女婿。

【釋文】

　　孔子說南容這個人：「國家政治清明上軌道時，不會被政府放棄不用；國家政治混亂不上軌道時，也不致捲入政治鬥爭而受刑罰。」便促成自己的姪女嫁給他

章目（三）

　　子謂子賤①：「君子哉若人！魯無君子者，斯焉取斯？」

【主旨】本章稱讚子賤的君子之德。

【註解】①子賤：姓宓，名不齊，字子賤。孔子學生。

【釋文】

　　孔子說子賤：「這個人的言行真是個君子啊！魯國如果沒有其他的君子，他從什麼榜樣學得這樣好的品德呢？」

章目（四）

　　子貢問曰：「賜也何如？」子曰：「女器也。」曰：「何器也？」曰：「瑚璉①也。」

【主旨】本章稱讚子貢是有用之材。（本章應與〈為政第二・十二〉一起來看。亦即君子第一先要成器，然後第二還要成為理性之器。）

【註解】①瑚璉：為宗廟盛黍稷的玉器。

【釋文】

　　子貢問孔子說：「我端木賜是一個怎樣的人呢？」孔子說：「你好比是一個有用的器皿。」子貢又問：「什麼器皿呢？」孔子說：「你是宗廟裡盛黍稷的瑚璉。」

章目（五）

　　或曰：「雍①也，仁而不佞②。」子曰：「焉用佞？禦人以口給，屢憎於人。不知其仁，焉用佞？」

【主旨】本章說明人要有仁心，重於有口才。

【註解】①雍：姓冉，名雍，字仲弓。孔子學生。②不佞：沒口才。

【釋文】

　　有人說：「冉雍是個仁人；可惜口才不好。」孔子聽了說：「何必要有口才呢？用銳利的言詞來對付人，往往被人厭惡。我雖不確定雍是否稱得上仁人，但又何必非要有口才呢？」

章目（六）

　　子使漆雕開①仕。對曰：「吾斯之未能信。」子說。

【主旨】本章稱讚漆雕開謙虛的態度。

【註解】①漆雕開：姓漆雕，名開，字子若。孔子學生。

【釋文】

　　孔子要派漆雕開去做官。漆雕開說：「我自己對做官的能力還沒有信心。」孔子聽了他篤實的話，很高興。

章目（七）

　　子曰：「道不行，乘桴①浮於海。從我者，其由②與？」子路聞之喜。子曰：「由也，好勇過我，無所取材。」

【主旨】本章敘述孔子感嘆不能行道於中原。

【註解】①桴：小木排。②由：子路名。

【釋文】

　　孔子說：「仁道理想既然不能實行，我想乘個小木排到

海外去隱居算了。跟我一起去的，大概是仲由吧？」子路聽了，心裡很高興。孔子說：「仲由啊，你比我還要衝動好勇，但就是不能裁度事理。」

章目（八）

　　孟武伯問：「子路仁乎？」子曰：「不知也。」又問。子曰：「由也，千乘之國，可使治其賦①也；不知其仁也。」「求②也何如？」子曰：「求也，千室之邑，百乘之家，可使為之宰也；不知其仁也。」「赤③也何如？」子曰：「赤也，束帶④立於朝，可使與賓客言也；不知其仁也。」

【主旨】本章表達行仁道之難。

【註解】①賦：兵也。古時按田賦出兵。②求：姓冉，名求，字子有。孔子學生。③赤：姓公西，名赤，字子華。孔子學生。④束帶：古時官員，官服必加腰帶，以整束其衣。

【釋文】

　　孟武伯問道：「子路做事合乎仁道嗎？」孔子說：「不曉得。」接著他又再問一次。孔子說：「仲由這個人，如果有一千輛兵車的國家，可派他去治理軍事；至於他有沒有仁德，我仍不知道。」「冉求，這個人怎樣？」孔子說；「求嘛，一千戶的小城，一百輛兵車的大夫家，可派他去做總管；至於他有沒有仁德，我仍不知道。」「公西赤怎樣？」孔子說：「赤嘛，穿上禮服，繫著大腰帶，站在朝廷上，可

派他擔任外交工作和外賓會談；至於他有沒有仁德，我也不知道。」

章目（九）

　　子謂子貢曰：「女與回也孰愈？」對曰：「賜也何敢望回！回也聞一以知十，賜也聞一以知二。」子曰：「弗如也，吾與女弗如也。」

【主旨】本章稱讚顏回書讀得好。

【釋文】

　　孔子對子貢說：「你和顏回那個書讀得比較好些？」子貢答道：「我怎敢跟顏回比呢？顏回聽到一個道理，便能推知十個類似的道理；我聽到一個道理，只能推知兩個類似的道理。」孔子說：「你的確不如他，我肯定你自知不如他的這種態度。」

章目（十）

　　宰予①晝寢。子曰：「朽木不可雕也，糞土之牆，不可杇也。於予與何誅②！」子曰：「始吾於人也，聽其言而信其行；今吾於人也，聽其言而觀其行。於予與改是！」

【主旨】本章責備宰予而同時勉勵人要言行一致。

【註解】①宰予：姓宰、名予，字子我，又稱宰我。孔子學生。②誅：討伐、責備。

【釋文】

　　宰予在大白天睡起覺來。孔子說：「腐朽的木頭不可以雕刻。骯髒的土牆不可以粉飾。對於宰予，已不值得責備了！」又說：「起初，我對一個人，聽他的話，就相信他的品行；現在，我對人，除了聽他的話，還要觀察他相對的行為，才算數。這因為宰予，使我改變了態度。」

章目（十一）

　　子曰：「吾未見剛者。」或對曰：「申棖①。」子曰：「棖也慾，焉得剛？」

【主旨】本章說明人要剛強，得先求少慾。

【註解】①申棖：又名申黨，字周。孔子學生。

【釋文】

　　孔子說：「我從沒有見過真正能堅強不屈的人。」有人回答說：「申棖呢？」孔子說：「申棖啊，他的慾望太多，平時堅持的只是要滿足自己，怎能算得上能守原則的剛強不屈呢？」

章目（十二）

　　子貢曰：「我不欲人之加諸我也，吾亦欲無加諸人。」子曰：「賜也，非爾所及也。」

【主旨】本章說明待人平和的困難。

【釋文】

　　子貢說：「我不願別人勉強加在我身上的事，我也不願把同樣的事勉強加在人身上。」孔子說：「賜啊，這不是你可以做到的呀！」

章目（十三）

　　子貢曰：「夫子之文章，可得而聞也；夫子之言性與天道，不可得而聞也。」

【主旨】本章說明孔子的學識修養，一般人難企及。

【釋文】

　　子貢說：「老師講的《詩》、《書》、《禮》、《樂》等文史社會人生修養類知識，我們聽到了。老師講人性和天道配合變化的形而上言論，我們卻難得聽到。」

章目（十四）

　　子路有聞，未之能行，唯恐有聞。

【主旨】本章說明子路勤於力行。

【釋文】

　　子路每聽到一個道理，在還沒能實踐做好之前，唯恐又聽到新的道理，因擔心來不及一起做。

章目（十五）

　　子貢問曰：「孔文子①何以謂之文也？」子曰：「敏而好學，不恥下問，是以謂之文也。」

【主旨】本章說明孔文子得諡為文的道理。

【註解】①孔文子：姓孔，名圉。衛大夫，諡為文。

【釋文】

　　子貢問道：「孔文子為什麼會諡為文呢？」孔子說：「他聰敏靈活，愛好學問，而且只要能有助於進步，不以向下屬請教為恥。所以死後用重視文化這個意義字作為他的諡號。」

章目（十六）

　　子謂子產①：「有君子之道四焉：其行己也恭，其事上也敬，其養民也惠，其使民也義。」

【主旨】本章讚美子產的德行。

【註解】①子產：姓公孫，名僑。鄭國大夫。

【釋文】

　　孔子評論子產：「他有四種行為合乎君子的風範要求：他待人的態度很謙遜，他事奉在上位者很誠敬，他教養民眾很實用有恩惠，他使用民力很合理。」

章目（十七）

子曰：「晏平仲①善與人交，久而敬之。」

【主旨】本章讚美晏平仲的德行。

【註解】①晏平仲：姓晏、名嬰，字仲。齊大夫，諡為平。

【釋文】

孔子說：「晏平仲擅長於跟別人做朋友，歷久不衰；彼此相處久了，愈是更能互相尊重。」

章目（十八）

子曰：「臧文仲①居蔡②，山節藻梲③，何如其知也？」

【主旨】本章指出臧文仲虛浮不智。

【註解】①臧文仲：姓臧孫，名辰，字仲；魯國大夫。諡為文。②居蔡：蓋為藏大龜之室。居，藏；蔡，大龜也。大龜為國君所藏，以供卜吉凶之用。大夫用龜之小者。③山節藻梲：刻山於柱頭之斗栱，畫藻於樑上短柱。

【釋文】

孔子說：「臧文仲建築一間房屋，以藏大龜。把山的形像刻在柱頭上，把水藻的形象刻在樑上的短柱上。如此過於虛浮，他的聰明怎麼這樣呢？」

章目（十九）

　　子張問曰：「令尹子文①三仕為令尹，無喜色；三已之，無慍色。舊令尹之政，必以告新令尹。何如？」子曰：「忠矣。」曰：「仁矣乎？」曰：「未知，焉得仁？」「崔子弒齊君②，陳文子③有馬十乘④，棄而違之。至於他邦，則曰：『猶吾大夫崔子也。』違之，之一邦，則又曰：『猶吾大夫崔子也。』違之。何如？」子曰：「清矣。」曰：「仁矣乎？」曰：「未知，焉得仁？」

【主旨】本章說明孔子不易許人以仁德。

【註解】①令尹子文：令尹，楚上卿執政者。子文，姓鬬，名穀於菟。②崔子弒齊君：言齊大夫崔杼弒其君莊公。③陳文子：名須無，齊大夫。④十乘：一乘四匹，共四十匹。

【釋文】

　　子張問道：「楚國令尹子文，三次就任為令尹，沒見他有喜悅的神色；三次被免職，也沒見他有生氣的神色。離職時，他自己當令尹時施政的情形，一定告訴新來接替職位的人。這個人怎樣呢？」孔子說：「可算是忠心於國家的人了。」子張說：「算不算是一種仁德呢？」孔子說：「除了忠之外，其他的作為我不知道，這怎能算是仁德呢？」子張又問道：「崔杼弒齊莊公，當時齊國大夫陳文子有四十匹馬，他都捨棄不要，離開齊國。到了另一個國家，稍了解後就說：『這兒的大臣，跟我們的大夫崔子差不多。』便又離開

那兒，再到另一國去，但又說：『這兒的大臣，還是跟我們的大夫崔子一樣！』於是又離開這國。這個人怎樣呢？」孔子說：「算是清高的了。」子張說：「算不算是一種仁德呢？」孔子說：「除了清高之外，其他的作為我不知道，這怎能算是仁德呢？」

章目（二十）

　　季文子①三思而後行。子聞之，曰：「再，斯可矣。」

【主旨】本章說明凡事思慮亦不宜過多。

【註解】①季文子：姓季孫，名行父，魯大夫。諡為文。

【釋文】
　　季文子通常連處理一般事物都要再三考慮，然後才去做。孔子聽到後，便說：「其實只要再考慮一次，就可以了。」

章目（二十一）

　　子曰：「甯武子①，邦有道，則知；邦無道，則愚。其知可及也，其愚不可及也。」

【註解】①甯武子：姓甯，名俞，衛大夫。諡為武。

【主旨】本章讚美甯武子行事進退得宜。

【釋文】
　　孔子說：「甯武子，在國家太平時，就顯露聰明才智來

做事；在國家動亂時，就裝傻來避免捲入是非政爭。他那種聰明，別人還可以趕得上；那種裝傻，別人就學不來了。」

章目（二十二）

　　子在陳曰：「歸與！歸與！吾黨之小子狂簡①，斐然成章②，不知所以裁之！」

【主旨】本章敘述孔子周遊列國，在陳國受困，一時亦感嘆思歸。

【註解】①狂簡：志大品高而略於事。②斐然成章：斐，文彩美盛。成章：言其文理成就已可觀。

【釋文】

　　孔子在陳國沒有受到重視，歎道：「回家去吧！回家去吧！我所帶的這一批年輕學生喜歡直來直往，志向大而不能忍受怠慢。他們的道德文章學問都已有相當成就，卻在這裡未能調整自己，配合現實時勢，獲得發揮所長的餘地。」

章目（二十三）

　　子曰：「伯夷、叔齊①，不念舊惡，怨是用希。」

【主旨】本章讚美伯夷、叔齊的德行。

【註解】①伯夷、叔齊：商朝孤竹君之二子。孤竹，國名。周武王滅紂，二子恥食周粟，隱居於首陽山。卒餓死。

【釋文】

　　孔子說：「伯夷、叔齊這兩兄弟，不會記掛過去與人的仇恨，於是別人對他們的怨恨也就不多了。」

章目（二十四）

　　子曰：「孰謂微生高①直？或乞醯②焉，乞諸其鄰而與之。」

【主旨】本章說明一個正直的人，不應遇事迂迴委屈處理。

【註解】①微生高：姓微生，名高。魯人。②醯：醋也。

【釋文】

　　孔子說：「誰說微生高這人正直？曾經有人向他討些醋，他家正好沒有，卻不肯直說，反向他的鄰居要來再給別人。」

章目（二十五）

　　子曰：「巧言、令色、足恭①，左丘明②恥之，丘亦恥之。匿怨而友其人，左丘明恥之，丘亦恥之。」

【主旨】本章指出左丘明與孔子共同認為可恥的一些事。

【註解】①足恭：態度卑屈，過分恭敬。②左丘明：魯太史。

【釋文】

　　孔子說：「花言巧言，裝著取悅人的顏色，對人過分恭

敬，這類行為態度，左丘明認為可恥，我孔丘也認為是可恥的。心裡藏著對某人的怨恨，外表卻跟他熱絡示好，這種行為，左丘明認為可恥，我孔丘也認為是可恥的。」

章目（二十六）

　　顏淵、季路侍。子曰：「盍①各言爾志？」子路曰：「願車馬、衣輕裘，與朋友共，敝之而無憾。」顏淵曰：「願無伐善②，無施勞③。」子路曰：「願聞子之志。」子曰：「老者安之，朋友信之，少者懷之。」

【主旨】本章敘述孔子、顏淵、季路各言其志的內容。

【註解】①盍：何不。②伐善：炫誇有能。伐，誇耀。③施勞：誇大功勞。施，誇張、放大之意。勞，有功績。

【釋文】

　　顏淵、子路站在孔子身旁，孔子說：「何不各人說說自己的生平志願？」子路說：「我願把自己的車子、馬匹，穿的輕暖皮衣，和朋友共用，就是用破用舊了，也不覺得遺憾。」顏淵說：「我願不炫耀自己的才能，不誇大自己的功勞。」子路說：「我們也想聽老師的志願！」孔子說：「我願年老的人都能得到奉養與安樂，朋友們以信實相交，年少的能得到愛護與教育。」

章目（二十七）

　　子曰：「已矣乎，吾未見能見其過①，而內自訟②者也。」

【主旨】本章不贊成人有過失而不能自省自責。

【註解】①過：過失。②自訟：自責。

【釋文】

　　孔子說：「算了吧，我還沒見過真正能夠隨時發覺自己的過失，而內心就立即自我反省的人。」

章目（二十八）

　　子曰：「十室之邑，必有忠信如丘者焉，不如丘之好學也。」

【主旨】本章說明孔子的長處就是好學。

【釋文】

　　孔子說：「就是十戶人家的小地方，也必定有像我孔丘這樣又忠心辦事，又講信用的人存在。但可能沒有像我那樣好學。」

篇目　雍也第六

本篇亦如上篇，多在記錄孔子弟子的言行。

章目（一）

子曰：「雍①也，可使南面②。」

【主旨】本章讚許冉雍的能力修養優越。

【註解】①雍：即冉雍，字仲弓。孔子學生。②南面：人君聽治之位向南。

【釋文】

孔子說：「冉雍啊，很有人君的能力修養，可以叫他做個諸侯。」

章目（二）

仲弓問子桑伯子①。子曰：「可也，簡。」仲弓曰：「居敬而行簡，以臨其民，不亦可乎？居簡而行簡，無乃大②簡乎？」子曰：「雍之言然。」

【主旨】本章說明施政行簡的原則。

【註解】①子桑伯子：魯國人。②大：同「太」。

【釋文】

仲弓問道：「子桑伯子是不是也可以做個諸侯呢？」孔子說「還可以，他平常做事很簡約。」仲弓說：「如果先心存認真的觀念而做事簡約，這樣來治理民眾，不也就可以了嗎？但若是一開始就不太喜歡認真，而做事又簡約，就未免太簡略了吧？」孔子說：「冉雍這話說得對。」

章目（三）

哀公問：「弟子孰為好學？」孔子對曰：「有顏回者好學，不遷怒，不貳過。不幸短命①死矣！今也則亡，未聞好學者也。」

【主旨】本章稱讚顏回生前的好學。

【註解】①短命：顏回去世時，年僅三十二歲。

【釋文】

魯哀公問：「你的學生誰最好學？」孔子答道：「有一個叫顏回的好學，他從來不把心中有不高興時，隨意發洩到無關的人身上去。並從來不再犯同樣的過錯。但他不幸短命死了！現在已沒有這樣的人，再沒有聽到好學的人了。」

章目（四）

子華①使於齊，冉子為其母請粟。子曰：「與之釜②。」請益，曰：「與之庾③。」冉子與之粟五秉④。子曰：「赤之適齊也，乘肥馬，衣輕裘。吾聞之也：『君子周急不繼

富』。」原思⑤為之宰⑥，與之粟九百⑦，辭。子曰：「毋，
以與爾鄰里鄉黨乎！」

【主旨】本章說明君子應該存心周濟窮人而不添益富人。

【註解】①子華：公西赤，字子華，又稱公西華。孔子學
生。②釜：六斗四升為一釜。③庾：二斗四升為一庾。④
秉：十六斛為一秉，一斛十斗。⑤原思：姓原名憲，字思。
孔子學生。⑥為之宰：孔子為魯國司寇時，以原思為家臣。
⑦九百：九百斗；但本章的量衡數字都只可作為參考。

【釋文】
　　子華出使到齊國去，冉求代子華母親向孔子請求給她小
米。孔子說：「給她六斗四升。」冉求請增加多些，孔子
說：「再給她二斗四升。」冉求卻給了她八百斗。孔子說：
「赤這次到齊國去，乘坐肥馬駕的車輛，穿著又輕又暖的皮
袍。我曾聽說：『君子應該周濟窮困的人，卻不該使富有的
人更加富有』。」原思當孔子的家臣，孔子給他九百斗小米
為俸祿。原思認為太多，不肯接受。孔子說：「不要推辭
了，你也可以分給你鄰里鄉黨的窮困人啊！」

章目（五）

　　子謂仲弓，曰：「犁牛①之子，騂且角②，雖欲勿用，山
川其舍諸？」

【主旨】本章稱讚仲弓的優秀。

【註解】①犂牛：毛色駁雜不純的耕牛。②騂且角：毛色純赤，牛角端正，適合作祭祀用的牛。

【釋文】

孔子評論仲弓說：「雖是由毛色駁雜的牛所生的小牛，但牠的毛色卻生而純赤而且頭角端正；人們雖想不用牠來做祭牛，但山川之神怎肯捨棄牠呢？」

章目（六）

子曰：「回也，其心三月不違仁；其餘，則日月至焉而已矣。」

【主旨】本章稱讚顏回的仁德。

【釋文】

孔子說：「顏回啊，他的內心能好幾個月不離仁德；其他的弟子，只是維持一天或最多一個月能偶然做到些仁德行為罷了。」

章目（七）

季康子問：「仲由可使從政也與？」子曰：「由也果，於從政乎何有？」曰：「賜也可使從政也與？」曰：「賜也達，於從政乎何有？」曰：「求也可使從政也與？」曰：「求也藝，於從政乎何有？」

【主旨】本章分別敘述子路、子貢、冉有的才藝。

【釋文】

　　魯國權臣季康子問道：「仲由可叫他管理政事嗎？」孔子說：「由做事有果斷，對於管理政事有什麼困難呢？」季康子又問：「端木賜可叫他管理政事嗎？」孔子說：「賜很能通達事理，對於管理政事有什麼困難呢？」季康子又問：「冉求可叫他管理政事嗎？」孔子說：「求多才多藝，對於管理政事又有什麼困難呢？」

章目（八）

　　季氏使閔子騫①為費②宰。閔子騫曰：「善為我辭焉，如有復我者，則吾必在汶③上矣。」

【主旨】本章說明閔子騫的潔身自好，不願出任權臣季氏的邑宰。

【註解】①閔子騫：姓閔，名損，字子騫。孔子學生。②費：季氏家邑。③汶：水名，在魯國之北；與齊國接境處。

【釋文】

　　季孫氏使人邀請閔子騫做費邑的邑長。閔子騫對來人說：「請你好好地替我推辭吧；如果再來找我的話，那我一定會迴避到汶水之北的齊國去了。」

章目（九）

　　伯牛①有疾，子問之。自牖②執其手，曰：「亡之，命矣夫！斯人也，而有斯疾也！斯人也，而有斯疾也！」

【主旨】本章敘述孔子感嘆弟子冉耕優秀而罹重病。

【註解】①伯牛：姓冉、名耕，字伯牛。孔子學生。②牖：窗也。

【釋文】

　　伯牛病重，孔子去探問他。從窗外握住他的手，歎道：「如果好不起來，也是命啊！這樣好的人，會生這樣的病！這樣好的人，怎麼會生這樣的病呢！」

章目（十）

　　子曰：「賢哉回也！一簞食，一瓢飲，在陋巷；人不堪其憂，回也不改其樂。賢哉回也！」

【主旨】本章讚美顏回安貧樂道的賢良精神。

【釋文】

　　孔子說：「多麼賢良啊，顏回！吃的是一小筐的飯，喝的是一瓢的水，住在簡陋的小房舍中；別人都受不了這種貧苦，顏回他卻一點都不改變他向道的樂趣。多麼賢良自在啊，顏回！」

章目（十一）

　　冉求曰：「非不說①子之道，力不足也。」子曰：「力不足者，中道而廢。今女②畫③。」

【主旨】本章強調為學必須從頭到尾全力以赴。

【註解】①說：同「悅」。②女：同「汝」。③畫：如畫地以自我設限。

【釋文】

　　冉求說：「並不是不喜歡老師的道理，實在是我的能力做不到。」孔子說：「能力做不到的人，走到一半，竭盡心力才停下來；現在你是畫地自限，根本不想前進。」

章目（十二）

　　子謂子夏曰：「女①為君子儒②，無為小人儒。」

【主旨】本章勉勵子夏要力求做一個君子儒。

【註解】①女：同「汝」。②儒：此處泛指一般學者。

【釋文】

　　孔子對子貢說：「你應該立志做個重義的君子儒，不要做個重利的小人儒。」

章目（十三）

　　子游①為武城②宰。子曰：「女得人焉爾乎？」曰：「有澹臺滅明③者，行不由徑④，非公事，未嘗至於偃之室也。」

【主旨】本章稱讚澹臺滅明行事方正。

【註解】①子游：姓言名偃，字子游。孔子學生。②武城：

魯邑名。③澹臺滅明：姓澹臺，名滅明，字子羽。後亦為孔子學生。④徑：便捷的小路。

【釋文】

　　子游當武城的邑宰。孔子說：「你在當地有沒有找到可以協助政務的人才呢？」子游答道：「是有個叫澹臺滅明的人，走路不抄小路捷徑，如不是為了公事，從來沒到過我的房間來。」

章目（十四）

　　子曰：「孟之反①不伐②，奔③而殿，將入門，策其馬，曰：『非敢後也，馬不進也！』」

【主旨】本章稱讚孟之反處事認真又不誇己功。

【註解】①孟之反：魯大夫，名側。②伐：自誇功勞。③奔：敗走也。

【釋文】

　　孔子說：「孟之反從不誇耀自己的功勞，在某次戰役中，魯軍敗了，他殿後掩護撤退。快進城門時，他卻鞭著自己的馬，說：『我並不是膽大敢留在後面拒敵，是馬跑得不夠快啊！』」

章目（十五）

　　子曰：「不有祝鮀①之佞，而有宋朝②之美，難乎免於今之世矣。」

【主旨】本章指一般人都崇尚口才的功能。

【註解】①祝鮀：衛大夫，有口才。②宋朝：宋公子，容顏美好。

【釋文】

　　孔子說：「一個人如果沒有像祝鮀那樣的口才，卻有著宋朝那樣令人注目的美好容貌；在今天的時代，就難免因其外表吸引人，但又不善言詞交友而受到禍害了。」

章目（十六）

　　子曰：「誰能出不由戶？何莫由斯道也！」

【主旨】本章勉勵人處事都應依道理來進行。

【釋文】

　　孔子說：「誰能直接走出屋外不經門戶這一步驟？所以立身處世為何不依人生的道理照程序去做呢！」

章目（十七）

　　子曰：「質勝文則野，文勝質則史。文質彬彬①，然後君子。」

【主旨】本章說明一個君子應文質皆具。

【註解】①文質彬彬：內容與外表都調和。

【釋文】

孔子說：「如果一個人內在的質樸多過外在的文采，那就像粗鄙的野人，難登大雅之堂；如果外在的文采多過了內在的質樸，那就像個衙門裡專掌文書修飾的官吏，只有包裝鮮麗。質樸和文采要能調和適當，然後才稱得上是才德兼備的君子。」

章目（十八）

子曰：「人之生也直①，罔②之生也幸而免。」

【主旨】本章勉勵人生處世，均應以正直為目標。

【註解】①人之生也直：言人生於世，最初的本性皆正直善良。②罔：不直。

【釋文】

孔子說：「人先天的本性都是正直坦誠的，後來受到環境學習的影響，才有了不正直的偏差心態產生。但又可以混下去；那只是一種僥倖結果而已。」

章目（十九）

子曰：「知之者，不如好之者；好之者不如樂之者。」

【主旨】本章說明人之為學，均以用心深淺而有所不同。

【釋文】

　　孔子說：「對於一種學問，了解它的人不如認同它的人；認同它的人不如喜愛它而加以實踐，樂在其中的人。」

章目（二十）

　　子曰：「中人以上，可以語上也；中人以下，不可以語上也。」

【主旨】本章說明教人做學問，均應以其資質高下而帶領指導之。

【釋文】

　　孔子說：「中等資質以上的人，可以進一步告訴他高深的道理；中等資質以下的人，就難以告訴他較高深的道理。」

章目（二十一）

　　樊遲問知，子曰：「務民之義，敬鬼神而遠之，可謂知矣。」問仁，曰：「仁者先難而後獲，可謂仁矣。」

【主旨】本章說明知與仁的道理所在。

【釋文】

　　樊遲問怎樣才算明智，孔子說：「專心致力於做人所應當做的事，至於超越人生的鬼神之事，則保持尊敬而不要太迷信接近。就可說是明智了。」樊遲又問怎樣才算是有仁德，孔子說：「有仁德的人遇到艱難的事，就爭先去做；遇

到能獲得利益的事，卻退居人後，這便可說是有仁德了。」

章目（二十二）

　　子曰：「知者樂①水，仁者樂山。知者動，仁者靜。知者樂，仁者壽。」

【主旨】本章首先說明仁知的屬性，其次說明仁知的型態，其三說明仁知的功能。

【註解】①樂：喜悅自在之狀態。

【釋文】

　　孔子說：「智者通達，喜好川流不息的水；仁者安定，喜好穩重不移的山。智者好動，務實進取；仁者好靜，寡慾清靜。智者灑脫常樂；仁者恬淡常壽。」

章目（二十三）

　　子曰：「齊一變，至於魯①；魯一變，至於道②。」

【主旨】本章說明齊國有姜太公，魯國有周公的遺風，若後繼有人則容易達成王道。

【註解】①齊一變，至於魯：齊國為姜太公後裔之封地，魯國為周公後裔之封地，都是開國功臣；而魯又比齊更正統。②道：指周文王、武王之道。

【釋文】

　　孔子說：「齊國的政治和教育一改革，便可達到魯國的水準；魯國的政治和教育一改革，便可達先王治國，天下太平的境界。」

章目（二十四）

　　子曰：「觚①不觚，觚哉，觚哉！」

【主旨】本章說明一般事物的名實宜相符。

【註解】①觚：古時一種高腳帶稜角的酒杯。

【釋文】

　　孔子說：「酒杯如不像酒杯的樣子，那就叫它酒杯也不是，不叫酒杯也不是了！」

章目（二十五）

　　宰我問曰：「仁者，雖告之曰：『井有仁①焉。』其從之也？」子曰：「何為其然也？君子可逝②也，不可陷也。可欺也，不可罔也。」

【主旨】本章說明仁者之心雖然寬厚，卻不會隨便眛於事理。

【註解】①仁：當作「人」解。②逝：前往。

【釋文】

　　宰我問道：「有仁德之心的人，有人告訴他：『井裡有人

掉下去了。』他該不該立刻也跟著跳下去救呢？」孔子說：「為什麼要這樣做呢？因其仁心，君子可能較易受騙到井邊去幫忙救人；但不可能使他不管青紅皂白，就立即跳下井中救人，讓自己也陷入井中。他可能一時受騙，卻不可能被不合理的事所蒙蔽。」

章目（二十六）

子曰：「君子博學於文，約之以禮，亦可以弗畔矣夫！」

【主旨】本章說明君子能博文約禮，所以行事不易背離正道。

【釋文】

孔子說：「君子一般廣泛地研習聖賢的典籍知識，再用具體的禮節來約束自己的行為，也就可以不背離正道了！」

章目（二十七）

子見南子①，子路不說。夫子矢②之曰：「予所否者，天厭之！天厭之！」

【主旨】本章說明孔子依禮前往與南子見面。

【註解】①南子：衛靈公之夫人，名聲傳言不端正。②矢：發誓。

【釋文】

孔子去見南子。因南子的名聲不好，子路頗不高興。孔

子因而發誓道：「我如有不合禮的行為的話，天會厭棄我！天會厭棄我的！」

章目（二十八）

　　子曰：「中庸①之為德也，其至矣乎！民鮮久矣！」

【主旨】本章讚揚中庸是一種美德，但又少為一般人所了解。

【註解】①中庸：不偏之謂中，不易之為庸。意指持平而可常用之德。

【釋文】

　　孔子說：「中庸這種不偏不倚的美德，真是妥當極了！一般人缺少這種德性觀念已經很久了！」

章目（二十九）

　　子貢曰：「如有博施於民，而能濟眾，何如？可謂仁乎？」子曰：「何事於仁，必也聖乎！堯舜其猶病諸！夫仁者，己欲立而立人，己欲達而達人。能近取譬，可謂仁之方也已。」

【主旨】本章說明求仁的方法道理。

【釋文】

　　子貢說：「假如有人能廣泛地施予恩惠給百姓，又能普遍地救助大眾，這人怎樣？可稱得上仁道嗎？」孔子說：「何

止算是仁，必定是聖人才能做到了！堯舜還遺憾不能充分做
到呢！所謂仁者，己身想立道，也想使別人也能夠立道；己
身想行道於世，也想使別人能夠行道於世。這樣拿己身做榜
樣，推己及人處處為人設想，便已是求仁得仁的方法了。」

篇目　述而第七

　　本篇主要記錄孔子的言行，內容重在為學與修仁德。與第一篇〈學而〉呼應。

章目（一）

　　子曰：「述而不作①，信而好古，竊比於我老彭②。」

【主旨】本章為孔子對自己在著述、修身上的自謙辭。

【註解】①述而不作：孔子自謙主要工作惟傳述既有的知識道理，而不創作。②老彭：商代賢大夫。

【釋文】

　　孔子說：「我一輩子大致僅傳述舊聞而不創作，篤信而且喜愛古代的文物典章制度。我私下常比擬自己像是商朝的老彭。」

章目（二）

　　子曰：「默而識之。學而不厭，誨人不倦，何有於我哉？」

【主旨】本章孔子舉三事以自白自勉。

【釋文】

孔子說:「把聽到的,看到的知識默記在心裡。努力學習而不厭煩,教誨他人而不倦怠,這些事,就是我主要的興趣所在;我還有未做到的嗎?」

章目(三)

子曰:「德之不修,學之不講,聞義不能徙,不善不能改,是吾憂也。」

【主旨】本章再舉自己擔心還做得不夠好的四事。

【釋文】

孔子說:「品德不加修養,學識不加講習討論,聽到好的道理不能跟著做,有過失差錯不能改正,這都是我所擔憂的。」

章目(四)

子之燕居①,申申如也,夭夭②如也。

【主旨】本章指出孔子在家閒居時的生活和適。

【註解】①燕居:在家閒居無事的時候。②夭夭:和悅貌。

【釋文】

孔子閒居在家的時候,容態輕鬆,神色愉悅。

章目（五）

子曰：「甚矣吾衰也，久矣！吾不復夢見周公①！」

【主旨】本章指孔子自嘆身體精神已日漸衰老。

【註解】①周公：姓姬，名旦，周文王之子，武王之弟。為周初改定官制，創制禮法的大功臣。

【釋文】

孔子歎道：「我已衰老極了，很久了！以前我常在夢中可以見到周公，向他請益。近因心智已趨退化遲鈍，現在連睡覺時，我都不再能夢見他了。」

章目（六）

子曰：「志於道，據於德，依於仁，游於藝①。」

【主旨】本章指孔子一生追求的四個努力方向。

【註解】①藝：指禮、樂、射、御、書、數六藝。

【釋文】

孔子說：「一個人要立志追求真理；依據有關道德標準處事；思想以不違背仁道為中心；並且也不要忘記多做些與六藝有關的活動。

章目（七）

子曰：「自行束脩①以上，吾未嘗無誨焉！」

【主旨】本章說明孔子有教無類、誨人不倦的精神。

【註解】①束脩：脩，乾肉。十脡為束，故曰束脩，泛指普通的禮物。

【釋文】

孔子說：「任何人有志求學；只要有心，送上一份微薄敬師禮品而來的人，我都願意收為學生。」

章目（八）

子曰：「不憤①不啟。不悱②不發。舉一隅③不以三隅反，則不復也④。」

【主旨】本章說明孔子教學注重啟發及因材施教。

【註解】①憤：心求通而未得。②悱：已準備好做某事，而尚未有適當機會實現。③隅：言物之方者，有四隅。④則不復也：舊時我國依照尊師重道的觀念，教育都偏向「以教師為中心」，所以這句話歷來似多被解讀為：「我教了他一個道理，他如不能觸類旁通引用，同時明白了其他類似的三個道理，那我就不想再教他了。」但這樣解釋，似乎是違背《論語》中強調孔子有教無類和因材施教原則的。而且西方教育思想，到了近代人本主義思想開始興起之後，對於學生的個別差異更形重視，教育也逐漸由「以教師為中心」的觀念，轉變為「以學生為中心」了。二十世紀以後，如美國的心理學家羅傑斯，以及義大利的女醫師兼教育家蒙特梭利等人，

才開始努力把舊時教育以教師為中心，逐漸扭轉為以學生為中心；認為教育是一件教師要多配合學生，而非學生要多配合教師的事。所以後來特殊教育隨之出現，而幼兒園（以前稱幼稚園）的學生，本來上課使用與成人同樣的大桌椅、大馬桶，後來才有改用小桌椅、小馬桶的符合實際的做法。所以本書的此段釋文，將比照「教育以學生為中心」的原則處理。

【釋文】

　　孔子說：「教育是由學生內化吸收，而非由教師外鑠灌輸的。一個學生不到他心裡激動想求明白而不得時，我不去啟發他。不到他想說卻未能說出來時，我不去開導他。然後在教學過程中，還要隨時留意觀察學生是否真正可以融會貫通所學知識；如果學生不能將所學知識應用在一般實踐道理上，那麼教師和學生就必須暫時停下來，共同修正有關的教材和教法，而不可一味機械式地強教下去。」

章目（九）

　　子食於有喪者之側，未嘗飽也。子於是日哭，則不歌。

【主旨】本章說明孔子弔喪均能盡禮盡哀。

【釋文】

　　孔子若陪著家有喪事的人一起吃飯，從來沒有自顧自地吃飽過。在這天因弔喪哭了，就不再唱歌。

章目（十）

子謂顏淵曰：「用之則行，舍之則藏。惟我與爾有是夫！」子路曰：「子行三軍，則誰與？」子曰：「暴虎①馮河②，死而不悔者，吾不與也。必也臨事而懼，好謀而成者也！」

【主旨】本章指顏回做事行止得宜，而子路則傾向好勇而欠思考。

【註解】①暴虎：徒手搏虎。②馮河：馮，同「憑」，依仗自己的勇力徒步渡河。

【釋文】

孔子對顏淵說：「有人用我時，我就出來做事；不用我時，我就不勉強爭出頭。只有我和你能這樣罷！」子路說：「如果老師率領三軍出征，那將和誰一道來做呢？」孔子說：「赤手空拳打老虎，徒步涉水渡河，死了也不悔悟的人，我是不會和他在一起的。必定要臨事能戒慎恐懼，能事先計劃，宏觀微調謀定，而有成功的把握的人，我才會和他一起共事！」

章目（十一）

子曰：「富而可求也，雖執鞭之士，吾亦為之。如不可求，從吾所好。」

【主旨】本章說明人必須以合理的途徑來獲得財富。

【釋文】

孔子說：「如果怎樣做，就可以求得財富的話，那就是手執皮鞭的賤役類工作，我也願意去做。但如只是一件無法確定效果的選擇，那就還不如依照自己的興趣專長來處事較妥善。」

章目（十二）

子之所慎：齊①、戰、疾。

【主旨】本章指出人應謹慎處理的三件事。

【註解】①齊：通「齋」。

【釋文】

孔子認為最需要謹慎來做的有三件事：齋戒、戰爭、疾病。

章目（十三）

子在齊聞〈韶〉，三月不知肉味。曰：「不圖為樂之至於斯也。」

【主旨】本章說明孔子十分欣賞〈韶〉樂。

【釋文】

孔子在齊國聽到了虞舜時創制的〈韶〉樂，怡然陶醉得連著好幾個月，常常連剛剛晚餐吃的是豬肉或羊肉都忘記了。他說：「沒想到〈韶〉樂居然到了這麼感人的程度。」

章目（十四）

冉有曰：「夫子為衛君①乎？」子貢曰：「諾，吾將問之。」入曰：「伯夷、叔齊何人也？」曰：「古之賢人也。」曰：「怨乎？」曰：「求仁而得仁，又何怨？」出曰：「夫子不為也。」

【主旨】本章說明孔子對有爭議的人際問題，以仁德和謙讓為準。

【註解】①衛君：指衛出公輒。衛靈公與其世子蒯聵失和，蒯聵逃往晉國。靈公死，衛人立蒯聵之子輒為君。晉國想把蒯聵送回，而輒拒之，是父子爭奪君位。那時孔子剛好在衛國。

【釋文】

冉有說：「老師會不會幫助衛國兩個爭國君位中的一個呢？」子貢說：「好吧！我去問他。」進去見孔子，問道：「伯夷、叔齊是什麼樣的人呢？」孔子說：「是古代的賢人啊。」子貢說：「他們互相推讓，不肯做國君，後來心裡會後悔嗎？」孔子說：「他們求取仁德，而終於得到了仁德，還有什麼好後悔呢？」子貢出來，說：「老師不會幫助衛國國君爭位的。」

章目（十五）

子曰：「飯疏食，飲水，曲肱而枕之，樂亦在其中矣。不義而富且貴，於我如浮雲。」

【主旨】本章說明孔子安貧樂道。

【釋文】

　　孔子說：「吃粗米飯，喝清水，彎著手臂當枕頭睡，樂趣也在其中了。如以不合理的方法求得富貴，對我只像天上的浮雲一般，沒有切身的意義。」

章目（十六）

　　子曰：「加我數年，五十以學《易》，可以無大過矣。」

【主旨】本章說明孔子學《易》之心慎重持續。

【釋文】

　　孔子說：「讓我多活幾年，到五十歲左右去學習那形而上綜合時空人事物的《易經》，這樣便不致有大的過失了。」

章目（十七）

　　子所雅言①：《詩》、《書》、執禮，皆雅言也。

【主旨】本章說明孔子重視正言者，為《詩》、《書》、禮三項。

【註解】①雅言：正音語言，當時官方所通行的語言，此處指周室正音。

【釋文】

　　孔子說話，多數時間採用周室正音：如誦《詩》讀

《書》行禮等都用周室正音。

章目（十八）

葉公①問孔子於子路，子路不對。子曰：「女奚不曰：『其為人也，發憤忘食，樂以忘憂，不知老之將至②云爾！』」

【主旨】本章記錄孔子的自述人生。

【註解】①葉公：姓沈，名諸梁，字子高，為楚大夫。食邑於葉。②不知老之將至：孔子一生最主要的成就即是從事教育工作（包括教與學），其發憤忘食，樂以忘憂，不知老之將至的精神，正與近代進步主義學者杜威等人，認為教育沒有什麼所謂結束時候的終身教育觀念一致。

【釋文】

葉公向子路問孔子的為人，子路一時不知如何回答。孔子說：「你為什麼不告訴他說：『他這個人嘛，專心發憤求學做事，有時會連飯都忘了吃；快樂起來，就把所有的憂愁都忘掉了；甚至於現在自己已有年歲了，還是保持這種不變的心態呢。』」

章目（十九）

子曰：「我非生而知之者，好古，敏以求之者也。」

【主旨】本章記述孔子勤學。

【釋文】

孔子說：「我不是生下來就自然明白道理的人，而是後來喜好古代文物典章制度，並勤快用心求學得來的。」

章目（二十）

子不語：怪、力、亂、神。

【主旨】本章記述孔子不隨便去講一些無益的事。

【釋文】

孔子平時很少談論那些非理性的怪異、暴力、作亂、鬼神等類的事情。

章目（二十一）

子曰：「三人行，必有我師焉。擇其善者而從之；其不善者而改之。」

【主旨】本章說明為學應無常師。

【釋文】

孔子說：「只要有三個人在一起的場合，其中就必有某種知識能力可做我學習榜樣的。我會選擇他們的長處而學習；他們的短處亦可作為我改善的榜樣。」

章目（二十二）

子曰：「天生德於予，桓魋①其如予何？」

【主旨】本章指孔子只努力做合理的事，沒有太多其他的憂慮。

【註解】①桓魋：宋司馬向魋，出於桓公，故又稱桓魋。孔子周遊列國時，魋欲害孔子，孔子言天既賦我以追求實踐仁德的責任，我這樣照做，則桓魋又將奈我何。

【釋文】

　　孔子說：「上天要我做事要固守品德。我既已遵守天的意志，這樣照做了，那桓魋之類的人物又能把我怎樣呢？」

章目（二十三）

　　子曰：「二三子以我為隱乎？吾無隱乎爾！吾無行而不與二三子者，是丘也。」

【主旨】本章說明孔子為人實在，教導學生無所保留。

【釋文】

　　孔子說：「諸位弟子以為我對做人做事的道理，還有些隱匿而不告訴你們嗎？我實在沒有一點保留呀！我所做的事，沒有一件是不向你們公開的，這就是我孔丘的為人。」

章目（二十四）

　　子以四教：文、行、忠、信。

【主旨】本章指孔子的教育重心為學文慎行而存忠信。

【釋文】

　　孔子的教育思想中心計可行為四類。一、詩書禮樂。二、修治品行。三、做人忠厚。四、做事信實。

章目（二十五）

　　子曰：「聖人①，吾不得而見之矣，得見君子②者，斯可矣。」子曰：「善人③，吾不得而見之矣，得見有恒者，斯可矣。亡而為有，虛而為盈，約而為泰，難乎有恒矣。」

【主旨】本章強調有恆為入德之門。

【註解】①聖人：人格完美的人。②君子：才德優秀的人。③善人：心性、行為善良的人。

【釋文】

　　孔子說：「聖人，我是沒有機會見到了。現在能夠見到君子，就可以了。」又說：「真正做好事的人，我也是不能夠見到了。能夠見到日常有恆心的人，也就不錯了。一般人缺乏知識卻裝有學問，思想空洞卻裝作心靈充實，家境窮困卻愛奢華浪費，這樣子要想做到持之有恆的生活，實在難了。」

章目（二十六）

　　子釣而不綱①，弋②不射宿。

【主旨】本章舉例孔子的仁心。

【註解】①綱：繫網的總繩。以大繩繫網，橫絕水流而漁者。②弋：以生絲繫矢而射。

【釋文】

　　孔子用釣竿釣魚，而不用大網捕魚；用繫生絲的箭射鳥，而且不射夜宿的鳥；以免過度浪費物力。

章目（二十七）

　　子曰：「蓋有不知而作之者，我無是也。多聞，擇其善者而從之；多見而識之。知之次也。」

【主旨】本章記述孔子處事不浮誇妄作。

【釋文】

　　孔子說：「世上是有一種對事理不明白而憑空自我創作的人，我決不會這樣做。只有多聽人說，選擇其中好的去學習；多觀察而默記在心備用。這樣也算可以次於上智的人了。」

章目（二十八）

　　互鄉①難與言。童子見，門人惑。子曰：「與其進也，不與其退也。唯何甚？人潔己以進，與其潔也，不保其往也！」

【主旨】本章記述孔子待人寬厚並說明教誨之道。

【註解】①互鄉：鄉名。其鄉風俗低下，難與講道理。

【釋文】

互鄉這個地方的人不講道理，很難跟他們交談。有一個互鄉的小孩求見，孔子居然接見他，弟子感到疑惑。孔子說：「我對人的原則是贊許任一個人上進。所以一個人只要目前表現是進步而非退步，那我又何必計較他過去的作為太過分呢？人家潔身自愛以求上進來見我，我贊許他現在求上進的精神，就不必太追究他過去行為的好壞呀！」

章目（二十九）

子曰：「仁遠乎哉？我欲仁，斯仁至矣！」

【主旨】本章說明求仁不難，在乎有心。

【釋文】

孔子說：「仁德離我們很遠嗎？仁德本來就存在於人自心；我想求仁德，仁德也就出現了。」

章目（三十）

陳司敗①問：「昭公②知禮乎？」孔子曰：「知禮。」孔子退，揖巫馬期③而進之曰：「吾聞君子不黨，君子亦黨乎？君取於吳為同姓④，謂之吳孟子。君而知禮，孰不知禮？」巫馬期以告。子曰：「丘也幸，苟有過，人必知之。」

【主旨】本章以古時同姓不婚為例，說明孔子受過不辭。

【註解】①陳司敗：陳，國名；司敗，即司寇。②昭公：魯

國君。③巫馬期：姓巫馬，名施，字期。孔子學生。④君取於吳為同姓：取同「娶」。魯與吳皆姬姓，古禮同姓不婚。

【釋文】

　　陳國的司寇問孔子：「魯昭公懂得禮節嗎？」孔子說：「懂得禮節。」孔子退出去後。那司寇向巫馬期作揖，請他進來，說道：「我聽說君子是無私的，但君子也袒護人的過錯嗎？魯君娶吳國王室的女子為夫人，吳和魯的王室本同姓姬，於是改稱她做吳孟子，以諱去同姓。魯君這種取巧，如果算是懂得禮節的人，那誰不懂得禮節呢？」巫馬期把這話轉告孔子。孔子說：「我很幸運，如果有點過失，人家一定會批評。」

章目（三十一）

　　子與人歌而善，必使反之，而後和之。

【主旨】本章指孔子樂於群體活動。

【釋文】

　　孔子跟人一起唱歌，如果聽到別人唱得很好，一定要請他再唱一遍，然後自己又和他同唱一遍。

章目（三十二）

　　子曰：「文莫①，吾猶人也，躬行君子，則吾未之有得！」

【主旨】本章記述孔子自謙的話。

【註解】①文莫：文，學文之事；莫，未能勝過人。

【釋文】

孔子說：「對於在書本上的知識努力學習方面，我雖沒有過人之處，但或許可以勉強比得上人家；至於成為一個品德修養身體力行的君子，我則還根本沒能做到。」

章目（三十三）

子曰：「若聖與仁，則吾豈敢？抑為之不厭，誨人不倦，則可謂云爾已矣。」公西華曰：「正唯弟子不能學也。」

【主旨】本章亦為記述孔子自謙的話。

【釋文】

孔子說：「如果說我是聖人、仁人，我怎麼敢當？不過在這方面不厭煩地學習，不懈怠地教人，我或還可說得過去而已。」公西華說：「這正是我們弟子所學不到的啊。」

章目（三十四）

子疾病，子路請禱。子曰：「有諸？」子路對曰：「有之。誄①曰：『禱爾于上下神祇。』」子曰：「丘之禱久矣。」

【主旨】本章記述孔子對神祇崇敬，但不諂求。

【註解】①誄：祈禱文。

【釋文】

孔子病重，子路請代老師祈禱賜福。孔子說：「有祈禱求福這種道理嗎？」子路答道：「有的。祈禱的文辭上說：『替你向天神地祇祈禱。』」孔子說：「我對於上天一向崇敬，基本上，也應該算是祈禱過了！」

章目（三十五）

子曰：「奢則不孫，儉則固。與其不孫也，寧固。」

【主旨】本章指出奢儉都不合禮，而奢侈的害處尤大。

【釋文】

孔子說：「一個人太奢侈就會趨向不謙遜，太節儉就會趨向固陋。但與其不謙遜，寧可固陋些。」

章目（三十六）

子曰：「君子坦蕩蕩，小人長戚戚。」

【主旨】本章說明君子與小人的心意基本上就有所不同。

【釋文】

孔子說：「一個君子人循理而行，心地平坦寬闊。小人則因行事常有違正道，患得患失，心地易傾向憂戚不安。」

章目（三十七）

子溫而厲，威而不猛，恭而安。

【**主旨**】本章指出孔子的容貌神情中和。

【**釋文**】

　　孔子待人的態度溫和中帶有嚴肅；有威儀，但性情平和不兇猛；恭敬而安詳。

篇目　泰伯第八

本篇主要記錄孔子和曾子對政治安民的言論及對古人的評論。孔子於此列出了如何可以引導百姓成為自立自治公民的三個必須步驟。本篇與第二篇〈為政〉呼應。

章目（一）

子曰：「泰伯①其可謂至德也已矣；三以天下讓，民無得而稱焉。」

【主旨】本章論泰伯讓位的至德。

【註解】①泰伯：周太王之長子。三以天下讓予較賢能的少弟季歷，與次弟仲雍逃往荊蠻。於是太王乃立季歷，季歷生子周文王昌。

【釋文】

孔子說：「泰伯可以說是具備最崇高人品德行了；他決心再三把天下讓給較賢能的弟弟。百姓人民真不知道要如何來稱道他。」

章目（二）

子曰：「恭而無禮則勞，慎而無禮則葸，勇而無禮則亂，直而無禮則絞。君子①篤於親，則民興於仁。故舊不遺，則民不偷②。」

【主旨】本章說明禮的重要。

【註解】①君子：這裡的「君子」與一般民眾相對，指在上位的人。②偷：人情刻薄。

【釋文】

　　孔子說：「過於恭敬而不合禮，便容易煩擾徒勞；過於謹慎而不合禮，便容易畏怯多顧慮；過於好勇而不合禮，便容易犯上作亂；過於率直而不合禮，便容易急迫魯莽得罪於人。在上位的人能厚待親屬，那民間也會興起仁愛的風氣。在上位的人能不遺忘故交舊友，那民風也會傾向敦厚不至於冷漠刻薄了。」

章目（三）

　　曾子有疾，召門弟子曰：「啟予足！啟予手！《詩》云：『戰戰兢兢，如臨深淵，如履薄冰①。』而今而後，吾知免夫！小子！」

【主旨】本章指出曾子在各方面合理保護自己的身體，直到最後。

【註解】①詩云引句：《詩經》〈小雅〉〈小旻〉喻人要戒慎守身，如臨淵恐墜，如履冰恐陷，不敢一時或懈。戰戰，發抖的樣子；兢兢，戒懼的樣子。

【釋文】

　　曾子病重，召門弟子到床前來，他說：「掀開被子，看

看我的腳吧！看看我的手吧！《詩經》上說：『小心戒慎呀！好像站在深潭邊，好像走在薄冰上。』從今以後，我大概可以蓋棺論定，不會再犯什麼傷害自己身心的大錯了。弟子們，要謹慎記住啊！」

章目（四）

　　曾子有疾，孟敬子①問之。曾子言曰：「鳥之將死，其鳴也哀；人之將死，其言也善。君子所貴乎道者三：動容貌，斯遠暴慢矣；正顏色，斯近信矣；出辭氣，斯遠鄙倍矣。籩豆②之事，則有司存。」

【主旨】本章指出曾子在臨終之時仍關心一切事務的合禮。

【註解】①孟敬子：魯國大夫仲孫捷，孟武伯的兒子。②籩豆：禮器。

【釋文】
　　曾子病重，孟敬子去探問他。曾子說：「鳥將要死的時候，鳴叫的聲音會很悲哀；人將要死的時候，所說的話會特別良善。在上位的人，所應重視修己待人的道理有三項：容貌舉止依禮而行，便可避免別人的粗暴和放肆；神色端莊，便可容易使人信任；使用言辭語氣得體，便可避免別人的鄙俗不合理的話。至於禮儀器用等瑣碎的事，則另有專管的人負責，你可以讓他們各依職掌去處理，不必多去操心。」

章目（五）

　　曾子曰：「以能問於不能，以多問於寡，有若無，實若虛，犯而不校①。昔者吾友②，嘗從事於斯矣。」

【主旨】本章說明曾子讚美顏回謙虛的德行。

【註解】①校：計較。②吾友：一般認為是指顏回。

【釋文】

　　曾子說：「自己有才能，卻願意去請教才能比他低的人；自已見聞多，卻願意去請教見聞比他少的人；自己有學問，卻好像沒學問一樣；自己知識充實，卻好像空無所有一樣；被別人冒犯侮辱，也不計較。以前我的朋友顏淵，曾經在這方面努力下過功夫。」

章目（六）

　　曾子曰：「可以託六尺之孤，可以寄百里之命，臨大節而不可奪也；君子人與？君子人也！」

【主旨】本章說明君子德行的一般性質。

【釋文】

　　曾子說：「可以把輔佐年幼君主的重任付託給他，可以把一個有規模國家的政事交付給他，遇到國家生死存亡關頭，他也不會改變節操；這樣的人算得上君子嗎？可真是君子人了！」

章目（七）

　　曾子曰：「士不可以不弘毅，任重而道遠。仁以為己任，不亦重乎？死而後已，不亦遠乎？」

【主旨】本章說明士人必須要能弘毅，因為己身任重而道遠。

【釋文】

　　曾子說：「一個讀書人的胸懷，不可不弘大而剛毅；因為他所負的責任重大，而且他要做到達成目標的路程遙遠。他把弘揚仁道已視為自己的責任，這責任不是大且重嗎？然後要堅持到死才放下，這路程不是很遙遠嗎？」

章目（八）

　　子曰：「興於詩，立於禮，成於樂。①」

【主旨】本章說明在政治上公民教育的起步是詩、禮、樂這三個基本項目。

【註解】①興於詩，立於禮，成於樂：本章這三句話結合接下來的兩章一起來看，應是孔子對教育一個人如何成為公民的基本意見。

【釋文】

　　孔子說：「老百姓的基礎公民教育，主要靠詩、禮、樂這三個修養項目。讀詩書等是最好的文字求知教育開始，講

禮是最好的法治教育開始，愛好音樂等藝術修養是最好的社會和諧教育開始。這三樣都做到之後，就可以建立起一個以人民為主，可以適當運作的民主政治國家組織了。」

章目（九）

> 子曰：「民可，使由之；不可，使知之①。」

【主旨】本章說明國家政治在公民教育已有基礎時，就應讓他們逐步多參預管理自己的事務。如基礎還不足時，也不可放棄，而應繼續教育之。

【註解】①民可，使由之；不可，使知之：舊時斷句，多為「民可使由之，不可使知之。」但依上章「興於詩，立於禮，成於樂。」的公民教育程序之後，接續而來的後效，應為「民可，使由之；不可，使知之。」較妥。釋文如後。

【釋文】

孔子說：「老百姓如已具備詩、禮、樂這三項公民基本能力，就可以讓他們多管理自己的事了；但若老百姓尚未學好時，那就還要繼續教導，使他們能夠真正懂得做一個公民應有的自治條件才好。」

章目（十）

> 子曰：「好勇疾貧，亂也。人而不仁，疾之已甚，亂也。」

【主旨】本章說明作為一個合格的公民，還必須要有安貧和守仁的心態。

【釋文】

孔子說：「作為公民，還要有安貧和守仁的心態。如果一個人很肯做事，卻對清淡生活太敏感；那他使用公民權時，就容易出亂子。又如一個人缺乏己所不欲勿施於人的同理心，自私自利到了病態的地步；那他在使用公民權時，也就容易出亂子。」

章目（十一）

子曰：「如有周公之才之美，使驕且吝，其餘不足觀也已。」

【主旨】本章說明人絕不可驕吝，以免傷害自己的才幹。

【釋文】

孔子說：「就算有人像周公那樣具有最好的才智能耐和技藝，但個性卻驕傲和吝嗇，那麼他其他的任何長處，也就不值得一看了。」

章目（十二）

子曰：「三年學，不至於穀，不易得也。」

【主旨】本章勸人求學要有持久的恆心。

【釋文】

孔子說：「經過三年長久的學習，而心仍未在於要做官求取俸祿的，這種人已難得遇到了。」

章目（十三）

子曰：「篤信好學，守死善道。危邦不入，亂邦不居。天下有道則見，無道則隱。邦有道，貧且賤焉，恥也；邦無道，富且貴焉，恥也。」

【主旨】本章說明求學與處事要能守住基本合理的原則。

【釋文】

孔子說：「人要有篤實的信念，又能好學，堅守至死不渝，來宏揚正道。不要去危險的國家，不要居住在混亂的國家。天下太平制度完善的時候，就出來服務做事；體制混亂的時候，就隱居不出來做事。國家政治清明的時候，自己仍然貧賤，那是可恥的；國家政治混亂的時候，自己反而富貴，那也是可恥的。」

章目（十四）

子曰：「不在其位，不謀①其政。」

【主旨】本章強調人在處事時，不應隨意產生越職侵權的行為。

【註解】①謀：參與計劃推動。

【釋文】

孔子說：「一個人不在那職位上，就不該參與計劃推動那職位上的有關政事。」

章目（十五）

子曰：「師摯①之始②，〈關睢〉③之亂④，洋洋乎，盈耳哉！」

【主旨】 本章讚美正樂的和協有序。

【註解】 ①師摯：魯樂師名摯。②始：樂之始。③〈關睢〉：《詩經》〈國風‧周南〉的首篇，配樂可唱。④亂：樂之終。

【釋文】

孔子說：「典禮時，由樂師摯帶領樂隊演奏開始，最後合唱〈關睢〉做終結，樂聲充塞滿耳，真是好聽呀！」

章目（十六）

子曰：「狂而不直，侗①而不愿②，悾悾③而不信，吾不知之矣！」

【主旨】 本章說明小人的性情違反常理。

【註解】 ①侗：空洞無知。②愿：忠厚的樣子。③悾：缺乏能力的樣子。

【釋文】

　　孔子說：「一個人狂妄而又不直爽，無知而又不忠厚，缺乏辦事能力而又不守信用；這種人，我不知道他將會做出什麼事來！」

章目（十七）

　　子曰：「學如不及，猶恐失之。」

【主旨】本章說明學習必須有恆有序。

【釋文】

　　孔子說：「求學要保持積極的心態，永遠好像來不及似的，學到一件事又怕很快會忘掉！」

章目（十八）

　　子曰：「巍巍乎①，舜、禹之有天下也，而不與②焉。」

【主旨】本章讚美舜、禹的偉大。

【註解】①巍巍：高大貌。②不與：不相關，不在乎。

【釋文】

　　孔子說：「多偉大呀，舜和禹雖有天下，成為君王，卻從來沒有為自己的好處打算。」

章目（十九）

子曰：「大哉，堯之為君也。巍巍乎，唯天為大，唯堯則之。蕩蕩乎，民無能名焉。巍巍乎，其有成功也。煥乎，其有文章！」

【主旨】本章讚美唐堯的偉大。

【釋文】

孔子說：「好偉大呀，像堯這樣的君主。崇高呀，只有天最高大，也只有堯的德行可以與天平齊。真是寬廣深遠呀，民眾已無法用一般語詞來加以稱讚了。偉大呀，他所成就的功業。光明呀，他制訂建立了那麼好的禮樂制度！」

章目（二十）

舜有臣五人①，而天下治。武王曰：「予有亂臣十人②。」孔子曰：「『才難』，不其然乎？唐虞之際，於斯為盛，有婦人焉，九人而已。三分天下有其二，以服事殷，周之德，其可謂至德也已矣。」

【主旨】本章讚美周代之德，因人才鼎盛。

【註解】①有臣五人：五人可能指的是禹、稷、契、皋陶、伯益。②亂臣十人：亂，治也。藉以平亂治國之臣有十人，可能指的是周公旦、召公奭、太公望、畢公、榮公、太顛、閎夭、散宜生、南宮适，另一人是婦人。

【釋文】

虞舜有賢臣五人，而天下就治理得太平了。武王說：「我有能治理天下的賢臣十人。」孔子說：「『人才難得』，可不是嗎？唐虞以後，到周武王時可說是人才最多的了，其中還有一個婦女，實際上只有九個人罷了。周文王在已贏得天下三分之二民心的擁戴時，卻仍然以諸侯之禮服事殷朝，這就可以看出周朝的道德，可以說是很高的了！」

章目（二十一）

子曰：「禹，吾無間①然矣！菲②飲食，而致孝乎鬼神；惡衣服，而致美乎黻冕③；卑宮室，而盡力乎溝洫④。禹，吾無間然矣！」

【主旨】本章讚美夏禹的功德。

【註解】①間：間隙。謂指其間隙而閒言非議之。②菲：微薄。③黻冕：指有花紋的禮服及冠冕。④溝洫：田間水道。

【釋文】

孔子說：「夏禹，我是找不出什麼缺點可以批評的了！他對自己的飲食很節儉，而以豐盛潔淨的供品來孝敬鬼神；自己平時的衣服很粗劣，而祭服冠冕卻很華美；自己住的房子矮小簡陋，而盡力修治民生使用的溝渠水道。夏禹，我真沒有什麼可批評的了！」

篇目　子罕第九

本篇記錄孔子的道德、教育思想和廣博深邃的學識。

章目（一）

子罕言利，與命與仁。

【主旨】本章指孔子很少講有關利益、命運和仁德的事。

【釋文】

孔子很少主動講到利益，命運和仁德這些事。

章目（二）

達巷黨人①曰：「大哉孔子！博學而無所成名。」子聞之，謂門弟子曰：「吾何執？執御乎？執射乎？吾執御矣！」

【主旨】本章敘述孔子聽到人讚譽自己博學，謙虛認為那和駕車的技藝亦類似。

【註解】①黨人：指鄉里地方族群大眾。

【釋文】

達巷地方民眾說：「偉大呀孔子！他學識淵博，可惜卻缺少顯著的技能專長。」孔子聽到後，對門弟子說：「我該

專習那一種技能呢？專習駕車？還是專習射箭呢？我看還是專心學習駕車吧！」

章目（三）

　　子曰：「麻冕①，禮也，今也純②，儉，吾從眾。拜下，禮也，今拜乎上，泰③也。雖違眾，吾從下。」

【主旨】本章敘述孔子認為施禮以恭儉為原則。

【註解】①麻冕：用細麻的纖維織成的禮帽。②純：黑色的絲線。③泰：同「太」，喻過分。

【釋文】

　　孔子說：「禮帽用麻料來織，這是古代的禮制；現在改用黑絲線來製作了，比用麻做的節省，我傾向順從大眾的做法。臣子見君主，先拜於堂下，然後登堂拜見，這也是古代的禮制；現在一般臣子跳過堂下的拜禮，而採取直接拜於堂上的作法，態度太驕慢；雖然違反大眾，但依正規禮節義理，我還是主張要先在堂下行拜禮。」

章目（四）

　　子絕四：毋意①，毋必②，毋固③，毋我④。

【主旨】本章敘述孔子戒絕四種思想言論頑固的毛病。

【註解】①毋意：毋，同「無」「不要」。意，憑空揣測。毋

意，即不妄臆。②必：話說得過滿。③固：固執。④我：以己意為先。

【釋文】

　　孔子所戒絕的四種思想言論毛病：不憑空揣測，不絕對肯定，不頑固拘泥，以及不先入為主，自以為是。

章目（五）

　　子畏於匡①。曰：「文王既沒，文不在茲乎？天之將喪斯文也，後死者不得與於斯文也。天之未喪斯文也，匡人其如予何？」

【主旨】本章敘述孔子以傳揚文化傳統為己任，不在乎任何外在壓力。

【註解】①匡：地名。舊時陽虎曾施暴於匡，孔子外貌似陽虎，故匡人錯認而圍之。

【釋文】

　　孔子在陳國和蔡國之間的匡地被群眾圍困，受到一場虛驚。他說：「文王死後，不是還需要有些人來繼承留下旳文化傳統嗎？如果上天要滅亡這種文化傳統，那麼我這後死的人，就不必參與擔負這一文化傳統了。如果上天不想滅亡這種文化傳統，我就仍有負責振興的任務，匡人又能把我怎樣呢？」

章目（六）

　　大宰①問於子貢曰：「夫子聖者與？何其多能也？」子貢曰：「固天縱之將聖，又多能也。」子聞之曰：「大宰知我乎？吾少也賤，故多能鄙事。君子多乎哉？不多也！」牢②曰：「子云：『吾不試③，故藝。』」

【主旨】本章敘述孔子不但學識能力高，而且也精於一般工匠的技藝。

【註解】①大宰：大，同「太」，官名。②牢：姓琴，名牢，字子開。孔子學生。③不試：即不為世所用。

【釋文】

　　有一個太宰問子貢道：「你們的老師是聖人吧？他怎麼這樣多才多藝呢？」子貢說：「這是天意要使他成為聖人。又讓他多才多藝。」孔子聽了後說：「太宰真是了解我呀！我小時候家庭貧賤，所以學會做很多粗俗的技能。君子是不是要多能呢？也不必要多能的！」琴牢說：「老師自己說過：『我不為國家所專用，所以才有空去學習其他的技藝。』」

章目（七）

　　子曰：「吾有知乎哉？無知也。有鄙夫①問於我，空空如也，我叩其兩端而竭焉。」

【主旨】本章敘述孔子自謙無知，但總是盡心力教人。

【註解】①鄙夫：粗淺缺乏知識的人。

【釋文】

　　孔子說：「我有知識嗎？我哪裡有什麼知識。有個粗淺的鄉下人來問我，我就與他從零開始討論。我的方法是先反問他那問題的正反面，或事情的本末終始，然後再盡力與他找答案。」

章目（八）

　　子曰：「鳳鳥不至，河不出圖①，吾已矣乎！」

【主旨】本章指孔子對大道之不行，甚為感慨。

【註解】①鳳鳥不至，河不出圖：鳳凰飛來，黃河的龍馬載來玉版圖案，都是祥瑞。

【釋文】

　　孔子說：「代表有祥瑞意義的鳳凰已不飛來，黃河的龍馬也不再負圖出現；看來近時間不會再有聖明的君王出世，我想行仁道，大概也沒有希望了！」

章目（九）

　　子見齊衰①者，冕衣裳者，與瞽者，見之，雖少必作②，過之必趨。

【主旨】本章敘述孔子習慣對有喪者表示哀掉，尊重在位者，以及體恤殘障者。

【註解】①齊衰：衰，「喪服」。齊衰，喪服之一種，此處泛指喪服。②作：起立，表示敬意。

【釋文】

　　孔子遇見穿喪服的人，穿戴禮服禮帽的官員，還有盲者，一看到他們，雖然有的年紀不大，他一定會站起來示意。如果經過這些人的面前，也必定快走幾步示敬。

章目（十）

　　顏淵喟然嘆曰：「仰之彌高，鑽之彌堅，瞻之在前，忽焉在後！夫子循循然善誘①人；博我以文，約我以禮。欲罷不能，既竭吾才，如有所立卓爾。雖欲從之，末由也已！」

【主旨】本章敘述顏淵對孔子學問道德的博大精深表示難以企及。

【註解】①誘：引進，誘導。

【釋文】

　　顏淵喟然感嘆說：「老師的道理，實在高深。我越仰望它，越顯得高遠；越鑽研它，越顯得堅實；看它原恍惚像在前面出現，忽然間又轉到後面去了！老師很有次序地一步步引進指導我。先教我博學文章典籍，使我知古今之事；然後教我禮節，以約束我的行為。每個關節都配合得很好，讓人學得興緻盎然，停都停不下來。但迄今我幾已經用盡我的才智，而老師的道依然是遠遠卓立在我的面前。我雖然想跟上去，卻一時無從追得上啊！」

章目（十一）

　　子疾病，子路使門人為臣①。病間②曰：「久矣哉，由之行詐也！無臣而為有臣，吾誰欺？欺天乎？且予與其死於臣之手也，無寧死於二三子之手乎！且予縱不得大葬，予死於道路乎？」

【主旨】本章敘述孔子處事誠實。

【註解】①臣：家臣。②病間：病間情況稍好轉。

【釋文】

　　孔子病重，子路派同學們當孔子的家臣，準備喪事。孔子病情稍好轉些，便說：「仲由做這種詐偽的事情已經很久了吧！我現不在位，沒有家臣，卻偽裝成有家臣。我欺騙誰呢？欺騙上天嗎？而且我與其死在家臣的照顧上，倒不如死在弟子們的照顧上較妥！我縱使不得用卿、大夫的葬禮，難道我會死在路上沒人埋葬嗎？」

章目（十二）

　　子貢曰：「有美玉於斯，韞匵①而藏諸？求善賈而沽諸？」子曰：「沽之哉！沽之哉！我待賈者也！」

【主旨】本章敘述孔子懷道藏德待用。

【註解】①韞匵：收起來藏之櫃中。

【釋文】

子貢說：「假如現在有一塊美玉，我們是收起來，把它放在櫃子裡藏著好呢？還是找個好價錢把它賣掉好呢？」孔子說：「賣掉吧！賣掉吧！我就正在等待個好價錢出貨哩！」

章目（十三）

子欲居九夷①。或曰：「陋，如之何？」子曰：「君子居之，何陋之有？」

【主旨】本章敘述孔子感嘆道之不行，欲離開中原隱居。

【註解】①九夷：東方幾種夷族所居之地。

【釋文】

孔子想離開中原到偏遠東方的夷族地方去住。有人說：「那些地方太閉塞落後了，怎麼能居住呢？」孔子說：「只要君子去住，然後開始施以教化，又怎麼會閉塞呢？」

章目（十四）

子曰：「吾自衛反魯①，然後樂正②，雅頌各得其所。」

【主旨】本章敘述孔子正樂的經過。

【註解】①自衛反魯：從衛國返回魯國。魯國原是周公的封地，衛國原是周公之弟康叔的封地；本是兄弟之邦，政治和文化傳統相似，可以互相參考。②樂正：把行禮的音樂訂正。

【釋文】

孔子說：「這一次我到了衛國一趟，比較了魯、衛兩國的音樂，加以整理之後，截長補短，終於能將《詩經》的〈雅〉〈頌〉兩部分的樂章音律，適當地以修正了。」

章目（十五）

子曰：「出則事公卿，入則事父兄，喪事不敢不勉，不為酒困，何有於我哉？」

【主旨】本章敘述孔子檢討自己忠順孝悌、哀喪慎酒等事，自己做到了多少。

【釋文】

孔子說：「出外在朝廷任職，奉事長官，竭盡忠誠之心辦公事。回到家裡，奉事父兄，竭盡孝悌之心；遇到宗族親戚的喪事，不敢不盡力遵從禮節處理；飲酒不過量，以免為酒所困擾；這幾件事我還有未做到的嗎？」

章目（十六）

子在川上曰：「逝者如斯夫！不舍晝夜。」

【主旨】本章敘述孔子感嘆歲月如流水般，奔流不可復。

【釋文】

孔子站在河邊，感嘆說：「時間逝去就像流水這樣啊！不分日夜奔流不息。」

章目（十七）

子曰：「吾未見好德如好色者也。」

【主旨】本章敘述孔子感概世人好色重於好德。

【釋文】

孔子說：「我沒見過衷心愛好德行，像愛好美色那樣積極的人。」

章目（十八）

子曰：「譬如為山，未成一簣①，止，吾止也！譬如平地，雖覆一簣，進，吾往也！」

【主旨】本章勉人自強不息。凡是前進或停止，均操之在己。

【註解】①簣：竹筐，竹籠，盛土之竹器。

【釋文】

孔子說：「譬如堆一座山，只差一筐泥土而未完成，這時停止下來，這是我自已停止下來的失敗啊！譬如要填平一塊窪地，雖然才倒上一筐泥土，繼續地填下去，這是我自己繼續填下去的啊！」

章目（十九）

子曰：「語之而不惰者，其回也與。」

【主旨】本章讚美顏回學習認真而不鬆懈。

【釋文】

孔子說：「把一個道理告訴他後，便能一心努力去做而不鬆懈的，只有顏回吧。」

章目（二十）

子謂顏淵曰：「惜乎①！吾見其進也，吾未見其止也！」

【主旨】本章追懷顏回生前進德修業，從不停止。

【註解】①惜乎：顏回早死，而孔子惜之。

【釋文】

孔子在顏回去世後，歎道：「真可惜呀！這樣優秀的人才。我只看到他不斷地求進步，從沒有看到他停止過！」

章目（二十一）

子曰：「苗而不秀者，有矣夫。秀而不實者，有矣夫。」

【主旨】本章指出為學就像種稻一樣，常有人沒有耐心等到開花或結實，便中途放棄了。

【釋文】

孔子說：「秧苗成長後而不吐穗開花的，有這樣的情形啊。然後開花而不結成稻穀的，也有這樣的情形啊。」

章目（二十二）

子曰：「後生可畏，焉知來者之不如今也？四十五十而無聞焉，斯亦不足畏也已。」

【主旨】本章敘述歲月不留人，所以為學必須把握時間做出成果來。

【釋文】

孔子說：「每一個年輕人都是可敬畏的，怎麼知道他們將來的成就不如現在這一輩人呢？但年輕人也要自我小心努力上進，假如到了四十、五十歲卻仍未能成就一些名聲，那也就不足敬畏了。」

章目（二十三）

子曰：「法語之言①，能無從乎？改之為貴。巽與之言②，能無說③乎？繹④之為貴。說而不繹，從而不改，吾末如之何也已矣！」

【主旨】本章勸人要能接受他人的嚴正善意告誡指導，而能真正改過有關的錯誤才好。

【註解】①法語之言：嚴正告誡的話。②巽與之言：客氣尊重的話。③說：同「悅」。④繹：抽絲剝繭地推究了解。

【釋文】

孔子說：「嚴正告誡的話，能不聽從嗎？但能真正改過，

才算可貴。客氣尊重的話，能不喜悅嗎？但要能了解話裡的含意，才算可貴。如果只是聽了客氣的話心中喜悅，而不細心尋思人家為何客氣尊重你；或者對告誡的話，只是當面聽從，而不真正改過；這樣的人，我對他也就沒有期待能更進步了！」

章目（二十四）

子曰：「主忠信，毋友不如己者，過則勿憚改。」
（本章重出，見〈學而〉篇第八章後半段。）

章目（二十五）

子曰：「三軍可奪帥也，匹夫不可奪志也。」

【主旨】本章勉勵人立志要能堅守不移。

【釋文】

孔子說：「三軍雖眾，如人心不一，是連自己的主帥都保不住的；那就還不如一個普通人，立了堅定的志向之後的不受他人影響而成就志業了。」

章目（二十六）

子曰：「衣敝縕袍①，與衣狐貉②者立，而不恥者，其由也與！『不忮不求，何用不臧③？』」子路終身誦之。子曰：「是道也，何足以臧？」

【主旨】本章讚美子路，同時要他不可自滿。

【註解】①衣敝縕袍：穿著破舊的麻棉袍。②狐貉：以狐貉之皮為衣裘。③不忮不求，何用不臧：《詩經》〈邶風・雄雉〉篇之句。忮，嫉害。求，貪求。臧，善良。

【釋文】

　　孔子說：「穿破舊的袍子，和穿狐貉皮衣的人站在一起，而不覺得慚愧的，恐怕只有仲由能夠吧！《詩經》〈邶風・雄雉〉上說：『做人首先要能摒除自己嫉妒而害人，因貪心而強求的心理，然後還有什麼不好的呢？』」子路經常誦讀這兩句詩。孔子說：「這只是為人的起碼道理，何足以為自滿呢？」

章目（二十七）

　　子曰：「歲寒，然後知松柏之後彫①也。」

【主旨】本章勉勵人要像松柏一樣，要有堅貞的志節。

【註解】①彫：同「凋」。

【釋文】

　　孔子說：「到了冬季天氣寒冷，然後才知道松柏的能耐，在所有的草木中總是最後凋落的堅貞可貴。」

章目（二十八）

　　子曰：「知者不惑，仁者不憂，勇者不懼。」

【主旨】本章說明三達德的內涵。

【釋文】

孔子說：「有智慧的人，能明白事理，不易迷惑；有仁德的人，能摒除私心，不易憂愁；有勇氣的人能抗拒強橫，不易恐懼害怕。」

章目（二十九）

子曰：「可與共學，未可與適道；可與適道，未可與立；可與立，未可與權。」

【主旨】本章說明與他人共學時，應留意可能發生的問題。

【釋文】

孔子說：「可以和他一起學習的人，未必可以期盼和他一起追求正道；可以和他一起追求正道的人，未必可以期盼和他一同堅持正道；可以和他一起堅持正道的人，未必可以期盼和他對事理有完全一致的看法。」

章目（三十）

「唐棣之華，偏其反而；豈不爾思？室是遠而①。」子曰：「未之思也，夫何遠之有？」

【主旨】本章說明凡事只在有誠意，就無遠近的差別。求道亦然。

【註解】①唐棣之華四句：這四句為逸詩。唐棣，果樹名。華，花之古字。偏，同「翩」。反，同「翻」。室，指「住家」。

【釋文】

　　有一首詩說：「唐棣樹上開的花，翩翩然翻動著；我心中難道不想念你嗎？只是你的家離我的家太遠了。」孔子說：「可能是他沒有真正去思念罷了，如果真的思念，那又怎麼會遙遠呢？」

篇目　鄉黨第十

本篇記錄孔子平日的生活習慣和言談舉止特色。

章目（一）

孔子於鄉黨①，恂恂如②也，似不能言者。其在宗廟朝廷，便便③言，唯謹爾。

【主旨】本章敘述孔子在自己的鄉里和在宗廟、朝廷上說話和表情嚴肅的態度有所不同。

【註解】①鄉黨：指鄉里居民。②恂恂如：恂恂，端莊溫和；如，類似。③便便：清楚明白。

【釋文】

孔子在自己的鄉里，容貌端莊溫和，好像不大會講話似的。他在祖先的廟堂或朝廷上，就說話清楚明白流暢；只是發言保持小心謹慎的態度。

章目（二）

朝，與下大夫言，侃侃①如也；與上大夫言，誾誾②如也。君在，踧踖③如也，與與④如也。

【主旨】本章敘述孔子在朝廷和國君及各級官員接觸說話的嚴肅態度有所不同。

【註解】①侃侃：和樂之貌。②誾誾：中正而有條理。③踧
踖：恭敬不寧之貌。④與與：行為舉動適中貌。

【釋文】

　　孔子在朝廷上和下大夫交談時，態度和氣而愉快；他和
上大夫交談時，是中正而有條理的樣子。國君臨朝時，孔子
表現恭敬而心中不安的樣子，但行為進退適當而合禮。

章目（三）

　　君召使擯①，色勃如②也，足躩如③也。揖所與立④，
左右手，衣前後，襜如⑤也。趨進，翼如也。賓退，必復
命，曰：「賓不顧矣。」

【主旨】本章敘述國君派孔子擔任接待賓客任務時，有關的
禮節。

【註解】①擯：國君所派出接賓者。②勃如：面色鄭重。③
躩如：疾行貌。④所與立：謂同為擯者。⑤襜如：整齊的
樣子。

【釋文】

　　國君派孔子為接待賓客的擯相，他一定神色莊敬，走路
腳步加快起來。向兩旁同在的人員拱手行禮，有時向左邊拱
手，有時向右邊拱手。衣服隨著向前後整齊地飄動。快步向
前時，儀態大方，像鳥翼般舒展。等賓客退了，一定向君主
回報說：「賓客已走不回頭了。」

章目（四）

　　入公門，鞠躬如也①，如不容。立不中門，行不履閾②。過位③，色勃如也，足躩如也，其言似不足者。攝齊④升堂，鞠躬如也，屏氣似不息者。出降一等，逞⑤顏色，怡怡如也。沒階趨⑥進，翼如也。復其位，踧踖如也。

【主旨】本章敘述孔子在朝廷言行嚴謹。

【註解】①鞠躬如也：恭敬謹慎貌。②履閾：站在門中間。③過位：君雖不在，過之必敬。位，君之虛位。④攝齊：攝，提起。齊，衣服下端。⑤逞：舒。⑥趨：快步走。

【釋文】
　　孔子進朝廷的大門時，顯出非常恭敬謹慎的樣子，好像自己沒有容身之地似的。不站在門中間阻礙別人進出，更不踩在門檻上，顯出輕浮的樣子。經過國君所坐的位置，必面色莊敬，走路腳步加快，說話好像說不出來似的。提起衣服下端向堂上走，顯出非常恭敬謹慎的樣子，斂身屏氣像停止呼吸似的。出堂，每下堂階一級，顏色便更舒緩些，顯得和悅的樣子。下完臺階，快步走，像鳥舒展翅膀一樣。回到自己的原位，保持恭敬不安的樣子。

章目（五）

　　執圭①，鞠躬如也，如不勝。上如揖，下如授，勃如戰色，足縮縮如有循。享禮有容色。私覿②，愉愉如也。

【主旨】本章敘述孔子為其君聘問鄰國時的有關禮節。

【註解】①執圭：言聘問鄰國時，執君之玉圭以為信。②覿：見面。

【釋文】

　　孔子到鄰國聘問，行聘問典禮時，捧著典禮時用的玉圭，顯得恭敬謹慎的樣子，好像力道不夠似的。執圭的姿勢，最高像作揖，最低像給人東西的樣子，戰戰兢兢，面色肅敬，腳步收小，好像沿著一條虛線上走似的。當行享禮，致送禮品的時候，才現出和暢的容顏。有時以私人身份和外國君臣會面，就比較顯露平常輕鬆的容貌顏色。

章目（六）

　　君子不以紺緅飾①，紅紫不以為褻服。當暑，袗絺綌②，必表而出之。緇衣羔裘③，素衣麑裘④，黃衣狐裘⑤。褻裘長⑥，短右袂⑦。必有寢衣，長一身有半。狐貉之厚以居⑧。去喪無所不佩。非帷裳⑨，必殺⑩之。羔裘玄冠⑪，不以弔。吉月⑫，必朝服而朝。

【主旨】本章敘述孔子平日衣物的穿著原則。

【註解】①不以紺緅飾：衣領袖口不用深青、絳色鑲邊。②袗絺綌：袗，葛草織成之纖維單衣。葛之精者為絺，粗者為綌。③緇衣羔裘：緇衣，黑上衣。羔裘，黑色羊皮衣。④素衣麑裘：穿白麑裘，外加白上衣。⑤黃衣狐裘：穿黃狐裘，

外加黃上衣。⑥褻裘長：家居所穿裘衣要稍長。⑦袂：衣袖。⑧居：坐墊。⑨帷裳：禮服。⑩殺：裁去。⑪羔裘玄冠：黑色羊皮衣及黑色禮帽。⑫吉月：月朔，陰曆每月初一。

【釋文】

　　君子不用深青、絳色的布做領口、袖口的滾邊。不用紅色、紫色做居家穿的便服。夏天暑熱，穿葛布，出門時加上外衣。冬天，外面穿黑上衣，裡面配黑羊皮的袍子；穿白上衣，裡面則配白鹿皮的袍子；穿黃上衣，裡面則配黃狐皮的袍子。在家穿的皮袍要長，可保溫，右邊的袖子稍短，便於做事。睡覺時的睡衣，約為身長的一倍半。狐貉的皮毛厚，用以做坐墊。除非在喪期內，任何飾物都可以佩帶。除了上朝或祭祀穿的用整幅布做的禮服外，其餘的衣服，要斜幅縫製。不穿戴黑皮袍、黑色禮帽去弔喪。每月初一，必定穿朝服去上朝。

章目（七）

　　齊，必有明衣①，布②。齊必變食③，居必遷坐④。

【主旨】本章敘述孔子在齋戒時的嚴謹態度。

【註解】①明衣：齋必沐浴，要穿著明潔的浴衣。②布：布製品。③變食：不飲酒、不茹葷，猶今吃素。④遷坐：易平日常居處。齋戒時，居外寢；不與妻室同房。

【釋文】

齋戒沐浴，要穿明潔的衣服，用布做的。齋戒時必改變日常的飲食，改變日常的居處。

章目（八）

食不厭精，膾不厭細。食饐①而餲②，魚餒③而肉敗不食。色惡不食，臭惡不食。失飪不食，不時④不食。割不正不食，不得其醬不食。肉雖多，不使勝食氣。惟酒無量，不及亂。沽酒市脯不食。不撤薑食，不多食。祭於公，不宿肉。祭肉不出三日；出三日，不食之矣。

【主旨】本章敘述孔子處理飲食的原則。

【註解】①食饐：食物變味。②餲：食物發臭。③餒：腐爛。④不時：不是當季出現的食物。

【釋文】

飲食不嫌做得精美，烹飪不嫌做得細緻。食糧放置過久變味變壞了的，魚類、肉類變味腐敗了的不吃。甚至食物跟平常的顏色不同，味道變惡的不吃。烹調過生或過熟的不吃，不是當季出現的食物不吃。宰殺方式處理不當的肉不吃，過鹹過甜等食物不吃。肉雖然多，也不使吃肉比吃飯還多。喝酒按酒量，不喝到醉而惹事。街上零買來的酒、肉乾怕不乾淨不吃。桌上生薑不可撤走，食物也不可多吃。幫助國君祭祀，分回來的祭肉，當天便分送給人。祭肉不能留著超過三天；超過三天，便不能吃了。

章目（九）

　　食不語，寢不言。雖疏食、菜羹、瓜祭，必齊如①也。

【主旨】本章敘述孔子在飲食、就寢時少說話，飲食前必先祭拜。

【註解】①齊如：表敬意。

【釋文】

　　用餐的時候不多話，睡覺的時候不講話。使用食物，雖是粗飯、菜湯、瓜類等簡食，飲食前也必先祭拜，而且要有敬意感恩之心。

章目（十）

　　席①不正不坐。

【主旨】本章敘述孔子入席時之禮儀。

【註解】①席：指舖在地上的草席、竹篾等。古時沒有椅凳，席地而坐。

【釋文】

　　坐席還沒擺正，就先不入坐。

章目（十一）

　　鄉人飲酒，杖者①出，斯出矣。鄉人儺②，朝服而立於阼階③。

【主旨】本章記述孔子在鄉里時，待人接物亦求有禮。

【註解】①杖者：老人。②儺：迎神驅逐疫鬼的典禮。③阼階：東階；鄉里重要主人等所立之地。

【釋文】

　　鄉里舉行聚會飲酒時，等年長者離席了，然後才離席。鄉人舉行儺禮驅鬼逐疫的典禮，也要穿上禮服站在宗廟的東階上。

章目（十二）

　　問①人於他邦，再拜而送之。康子②饋藥，拜而受之，曰：「丘未達③，不敢嘗。」

【主旨】本章敘述孔子與人交往時的誠意舉止。

【註解】①問：問候，慰問。②康子：季康子，魯國權臣。③未達：未明藥性。

【釋文】

　　孔子託人探訪他邦友人，必再拜而送他上路，以示委託之敬重。季康子派人送藥來，孔子拜謝後收下，並對送藥來的使者說：「我在不明白這藥性前，不敢試服。」

章目（十三）

　　廄①焚，子退朝，曰：「傷人乎？」不問馬。

【主旨】本章敘述孔子重人倫、輕財產。

【註解】①廄：馬房。

【釋文】

　　馬房起火燒了，孔子退朝回來，一開口便先急著問道：「有沒有燒傷人？」而不問馬匹有無損失。

章目（十四）

　　君賜食，必正席先嘗之。君賜腥，必熟而薦①之。君賜生，必畜之。侍食於君，君祭先飯。疾，君視之，東首②，加朝服拖紳③。君命召，不俟駕行矣。

【主旨】本章記述孔子事君之禮周到。

【註解】①薦：進奉於祖先。②東首：使病者床位首向東，君臨榻前，適南面。③加朝服拖紳：病臥，蓋朝服於身上，又加大帶於朝服上，就當作穿朝服見君的樣子。

【釋文】

　　國君賜煮熟的食物，必定將席位擺正再嘗它。國君賜生肉，必定煮熟，然後進奉於祖先。國君賜牲畜，必定先把牲畜養一陣，不敢就殺。陪國君吃飯，在國君舉行食祭時，先為國君嘗飯。臥病時，國君來探視，頭向東邊臥著，身上蓋朝服，拖著大帶。國君有命令召見，等不及別人把車輛馬匹備妥，自己便先坐上車催促動身去應命。

章目（十五）

入大廟，每事問。

（本章重出，見〈八佾〉篇第十五章前段。）

章目（十六）

朋友死，無所歸，曰：「於我殯。」朋友之饋，雖車馬，非祭肉，不拜。

【主旨】本章敘述孔子交朋友講義氣。

【釋文】

朋友死了，沒有家族可料理喪事，無法歸葬。孔子說：「由我來料理一切喪葬的事。」朋友饋贈禮品，雖是送車馬之類貴重的東西，不拜。除非是祭肉，才拜而接受；表示一同敬重朋友的祖先。

章目（十七）

寢不尸①，居不容②。見齊衰③者，雖狎必變④。見冕者與瞽者，雖褻⑤必以貌⑥。凶服者式⑦之；式負版者⑧。有盛饌，必變色而作⑨。迅雷、風烈必變。

【主旨】本章敘述孔子視所處理環境狀況而改變應有的神色態度。

【註解】①尸：僵臥似死人。②居不容：居家不特別打理儀

容。③齊衰：喪服的一種，此處泛指穿喪服者。④雖狎必變：狎，素親近之人。變，改容。⑤褻：常相見之人。⑥貌：禮貌。⑦式同「軾」，車前橫木。靠在車前橫木上，是古時一種敬禮。⑧負版者：持邦國圖籍者。⑨作：起也。

【釋文】

睡臥時不挺直身子像死屍一樣。在家時不作莊肅的儀容。見到穿喪服者，雖是平素很親近的人，也必變容表示哀悼。見到戴著禮帽的官員和盲人，雖然是經常相見者，也必以禮貌來待他們。如果坐在車上，路上遇見穿喪服的人，身體微俯，手伏在車前橫木上表示敬意。對手上拿國家圖籍的人，也手伏在車前橫木上致意。朋友盛宴招待時，必肅容站起來，對主人表示謝意。遇打急雷、刮大風時，必變色表示不安。

章目（十八）

升車，必正立，執綏①。車中不內顧，不疾言②，不親指。

【主旨】本章記述孔子升車之動作態度。

【註解】①綏：挽以上車之索。②疾言：急速講話。

【釋文】

乘車時，必先端正站穩，手拉車門的繩索上車。坐在車內時，不轉頭到處看，不急速地講話，不隨意指東指西。

章目（十九）

　　色斯舉矣①，翔而後集。曰：「山梁②雌雉，時哉時哉③！」子路共之④，三嗅而作⑤。

【主旨】本章敘述孔子惜物的環境保育思想。

【註解】①色斯舉矣：狀鳥受驚起飛速度甚快。②山梁：山間之橋。③時哉時哉：孔子責子路襲取繁殖期之雌雉，應非其時。④共之：恭敬兩手相合將雉置於地。⑤三嗅：再三辨認狀況。

【釋文】

　　子路在山間橋上一群雉雞中捉到一隻母雉；其他的雉雞受驚飛起，迴翔一陣後又停聚在較遠處。孔子責備子路說：「現在正是雉雞繁殖的季節，你這樣襲取橋上的母雉，很不合時宜，不合時宜呀！」於是子路用手拱著母雉放回地上。母雉被放，先遲疑了一下，然後再三辨認子路已無惡意，便也振翅飛走了。

篇目　先進第十一

本篇主要記錄孔子教育施行要點在尊重質樸人性、真誠關懷和因材施教。

章目（一）

子曰：「先進①於禮樂，野人②也。後進③於禮樂，君子④也。如用之，則吾從先進。」

【主旨】本章敘述孔子對禮樂使用的原則，較尊重前輩質樸的作法。

【註解】①先進：前輩。②野人：質勝文者，指鄉下人。③後進：後輩。④君子：文勝質者，指城市人。

【釋文】

孔子說：「先進的一輩，所制定的禮樂，重質樸，好比鄉下人。後進的一輩，所制定的禮樂，重文飾，好比都市人。如果現在選擇使用禮樂，我還是依從先進樸實的原則來做。

章目（二）

子曰：「從我於陳蔡①者，皆不及門也。德行：顏淵、閔子騫②、冉伯牛、仲弓。言語：宰我、子貢。政事：冉有、季路。文學：子游、子夏。」

【主旨】本章以四個學習科目，分別十位優秀的孔門弟子所長。

【註解】①陳蔡：陳國和蔡國。在今河南、安徽一帶。孔子周遊列國曾困於陳蔡，受到阻擾並絕糧。②閔子騫：姓閔，名損，字子騫。孔子學生，以「單衣順母」的行為，名列二十四孝民間故事之一。

【釋文】

孔子說：「以前跟從我在陳國、蔡國共過患難的學生，現在都離開。有的已死亡、有的另有他就，不在我門下了。在德行方面，傑出的有：顏淵、閔子騫、冉伯牛、仲弓。在言語方面，傑出的有：宰我、子貢。在政事方面，傑出的有：冉有、子路。在文學方面，傑出的有：子游、子夏。」

章目（三）

子曰：「回也，非助我者也。於吾言，無所不說。」

【主旨】本章稱讚顏淵學習能力優秀，但稍缺乏思考討論的精神。

【釋文】

孔子說：「顏回啊！他不是使我在教學上能作切磋，有所增益的人。對於我所講述的，他都照單全收，沒有不喜歡的。」

章目（四）

　　子曰：「孝哉閔子騫，人不間①於其父母昆弟之言。」

【主旨】本章讚美閔子騫孝行優越。

【註解】①間：非議，有異詞。

【釋文】

　　孔子說：「閔子騫真賢孝呀，人們對他的父母兄弟稱道他的優點，都沒有話說。」

章目（五）

　　南容①三復〈白圭〉②，孔子以其兄之子妻之。

【主旨】本章稱讚南容的慎言。

【註解】①南容：南宮适，字子容，也稱南容。孔子學生。②白圭：《詩經》〈大雅・抑〉篇之部分章句。內容為：「白圭之玷，尚可磨也；斯言之玷，不可為也。」用意在勉勵人慎言，說錯話難以挽救。

【釋文】

　　南容每日多次誦讀《詩經》上的〈白圭〉這幾句詩，孔子很欣賞，便把姪女嫁給他。

章目（六）

　　季康子①問：「弟子孰為好學？」孔子對曰：「有顏回者好學，不幸短命死矣。今也則亡。」

【主旨】本章敘述孔子稱讚門下以顏回最為好學。

【註解】①季康子：魯國執政權臣。

【釋文】

　　季康子問說：「你的學生中誰最好學呢？」孔子回答道：「有一個叫顏回的最好學，但不幸短命死了。現在已沒有這樣好學的人了。」

章目（七）

　　顏淵死，顏路①請子之車以為之椁②。子曰：「才不才，亦各言其子也。鯉③也死，有棺而無椁。吾不徒行④，以為之椁；以吾從大夫之後⑤，不可徒行也。」

【主旨】本章記述顏淵之死，因家貧處理後事困難。

【註解】①顏路：顏淵之父。名無繇。亦孔子學生。②椁：外棺。請求賣孔子車以買椁。③鯉：孔子之子伯魚，享年五十。先孔子卒。時孔子已七十。④徒行：步行也。⑤以吾從大夫之後：言孔子曾為大夫，從大夫之後，不應徒行。

【釋文】

　　顏淵死，他的父親顏路請求孔子把車子賣掉，替顏淵買一個外槨。孔子說：「不管有才能或是沒有才能，在父親的立場上說來都是自己的兒子啊。以前我的兒子鯉去世時，也是只有棺而沒有外槨。我不能徒步，把車子賣掉來替他做一個外槨；因為我還要跟從在大夫的後面，出門不可以全然步行的啊。」

章目（八）

　　顏淵死，子曰：「噫！天喪予！天喪予！」

【主旨】本章記述孔子哀傷顏淵的死亡。

【釋文】

　　顏淵死了，孔子傷痛歎道：「唉！這是天要亡我，天要亡我啊！」

章目（九）

　　顏淵死，子哭之慟①。從者曰：「子慟矣！」曰：「有慟乎？非夫人②之為慟而誰為？」

【主旨】本章記述孔子為顏淵之死痛哭。

【註解】①慟：哀痛。②夫人：指這個人。

【釋文】

　　顏淵死後，孔子哭得很哀痛。跟從的人說：「老師過於悲傷了！」孔子說：「真的過於悲傷嗎？我不為這個人而悲傷，還為誰而悲傷呢？」

章目（十）

　　顏淵死，門人欲厚葬之①。子曰：「不可！」門人厚葬之。子曰：「回也，視予猶父也，予不得視猶子也。非我也，夫二三子也。」

【主旨】本章記述門人希望厚葬顏淵，孔子認為不宜過分。

【註解】①門人欲厚喪之：喪具稱家之有無，貧而厚葬，不合於禮，故孔子認為不妥。

【釋文】

　　顏淵死後，同學們想要厚葬他。孔子說：「不可以！」結果同學們逕自厚葬了他。孔子說：「回啊，看待我像父親一樣，我卻不得看待他像兒子一般。不是我要這樣違禮厚葬他，是我的幾個學生的主張啊。」

章目（十一）

　　季路問事鬼神①。子曰：「未能事人，焉②能事鬼？」「敢問死？」曰：「未知生，焉知死？」

【主旨】本章敘述孔子不談無益且難有真相的事。

【註解】①問事鬼神：問奉祀鬼神之道。對天曰神，人死曰鬼。②焉：何以，怎麼；疑問詞。

【釋文】

　　子路問怎樣奉事鬼神才好，孔子說：「活人都還不能奉事好，怎麼能奉事死人呢？」子路又問：「我大膽地請問人死後怎樣？」孔子說：「我們人連在世間的事尚不能弄清楚，又怎能知道死後的歸向呢？」

章目（十二）

　　閔子侍側，誾誾如①也；子路，行行如②也；冉有、子貢，侃侃如③也。子樂。「若由也，不得其死然④。」

【主旨】本章記述孔子欣賞四位弟子性情各有所長。但又擔心子路太過剛強。

【註解】①誾誾如：中正適度而有條理。②行行如：剛強貌。③侃侃如：從容的樣子。④不得其死然：然，未定之辭。子路剛強。孔子擔心其死不得以壽終。

【釋文】

　　閔子騫侍奉在孔子身旁，有中正適度的氣概；子路，有武勇剛強的氣概；冉有、子貢，有溫和從容的氣概；孔子感到高興。但又擔心地說：「像仲由這樣剛強的個性，我怕他不得善終啊。」

章目（十三）

　　魯人為長府①。閔子騫曰：「仍舊貫②，如之何？何必改作？」子曰：「夫人③不言，言必有中。」

【主旨】本章讚美閔子騫不勞民傷財的得宜。

【註解】①長府：藏貨財之所曰長府。②仍舊貫：指仍照舊制。③夫人：指閔子騫。

【釋文】

　　魯人要改建一座藏財貨府庫。閔子騫說：「照老樣子整修一下，有什麼不好？為什麼一定要改建，勞民傷財呢？」孔子說：「這人一向不太多話，一開口，便很中肯。」

章目（十四）

　　子曰：「由之瑟①，奚為②於丘之門？」門人不敬子路。子曰：「由也升堂矣，未入於室③也！」

【主旨】本章指出子路的學彈瑟表現欠佳，但亦不宜因一事而否定他。

【註解】①由之瑟：孔子指子路鼓瑟，其聲不符中和，調也不同。②奚為：何為。③升堂矣，未入於室：先入門，次升堂，最後入室，表示為學之層次。比喻入道之次第。

【釋文】

　　孔子說：「仲由彈瑟，彈出那一種不符中和的音調，為什麼在我的門下彈奏呢？」弟子們因此不敬重子路。孔子說：「仲由的學問，其實已經到達相當高明的境界，只是未進入到精深的境界罷了！」

章目（十五）

　　子貢問：「師與商也孰賢？」子曰：「師也過①，商也不及②。」曰：「然則師愈③與？」子曰：「過猶不及。」

【主旨】本章敘述子張、子夏兩位弟子品性的賢能與不及之處。

【註解】①師也過：孔子弟子顓孫師，字子張。子張才高意廣，所失常在過中。②商也不及：孔子弟子卜商，字子夏。子夏篤信謹守，而規模狹隘，所失常在不及。③愈：指較優勝。

【釋文】

　　子貢問道：「子張和子夏兩個人，誰比較賢能呢？」孔子說：「子張做事太積極了些，子夏又稍消極了些。」子貢接著說：「那麼是子張賢能些嗎？」孔子說：「超過與不及，同樣都不算好。」

章目（十六）

　　季氏①富於周公，而求也為之聚斂而附益之。子曰：「非吾徒也，小子鳴鼓而攻之②可也！」

【主旨】本章責備冉求為季氏聚斂重稅的不當。

【註解】①季氏：魯國權臣。②鳴鼓而攻之：言揭發其罪而攻擊之。

【釋文】

　　季氏比周天子王朝時的周公還要富有，而冉求擔任季氏的家臣，竟還幫他搜括加稅而使他更增收益。孔子說：「他這樣做，已等於不是我的門徒了；弟子們，可以大聲揭發他的罪行而攻擊他！」

章目（十七）

　　柴也愚①，參也魯②，師也辟③，由也喭④。

【主旨】本章敘述孔門四弟子個性的有偏差處。

【註解】①柴也愚：柴，姓高，名柴，字子羔，孔子學生。愚，愚直。②魯：遲鈍。③辟：外向偏激。④喭：輕率粗俗。

【釋文】

　　高柴本性愚直，曾參遲鈍篤實，子張外向偏激，子路輕率衝動。

章目（十八）

　　子曰：「回也其庶①乎！屢空②。賜不受命③，而貨殖④焉，億⑤則屢中。」

【主旨】本章另評顏回、端木賜的性向、能力分別。

【註解】①庶：接近。②屢空：常至窮乏。③不受命：不受命運支配。④貨殖：貨財生殖。猶今做生意。⑤億：同「憶」，猜度。

【釋文】

　　孔子說：「顏回的學問道德差不多接近完美了，可惜經常那麼窮困。子貢不受命運及他人支配而自行營商，買賣預測物價行情，每每都能猜中；獲得利潤。」

章目（十九）

　　子張問善人①之道。子曰：「不踐跡，亦不入於室②。」

【主旨】本章說明一般所謂善人的特色。

【註解】①善人：質善美而未從學者。②不踐跡亦不入於室：言善人雖不必踐舊跡而自不為惡；但不求學習的結果，卻亦不能再進步而達到聖人之境界。

【釋文】

　　子張問善人的行為，孔子說：「資質天生善美的人，可以不追循前賢舊跡，也不會做得太差。但如不努力再求學習，充實自己，卻亦就不能再進步而達到聖人的境界。」

章目（二十）

　　子曰：「論篤是與①，君子者乎？色莊者②乎？」

【主旨】本章說明不可以一般言貌取人。

【註解】①與：稱許。②色莊者：故意裝作容色的人。

【釋文】

　　孔子說：「我們稱讚言論篤實的人，但是還得進一步觀察他是個真正的君子呢？或僅是個外貌莊重的普通人呢？」

章目（二十一）

　　子路問：「聞斯行諸①？」子曰：「有父兄在，如之何其聞斯行之？」冉有問：「聞斯行諸？」子曰：「聞斯行之！」公西華曰：「由也問『聞斯行諸？』，子曰：『有父兄在』；求也問，『聞斯行諸？』子曰：『聞斯行之』。赤也惑，敢問？」子曰：「求也退②，故進之；由也兼人③，故退之。」

【主旨】本章說明孔子因材施教的特色。

【註解】①聞斯行諸：言聞義即當行之乎。②退：言畏縮不前。③兼人：超過一般人。

【釋文】

　　子路問說：「聽到一件合義理的事，就去做嗎？」孔子說：「還有父兄在上，怎麼可以搶先出頭去做呢？」冉有問說：「聽到一件合義理的事就去做嗎？」孔子說：「聽到了就該去做！」公西華說：「仲由問『聽到一件合於義理的事，就去做嗎？』老師回答說：『還有父兄在上。』再求也問：『聽到一件合於義理的事就去做嗎？』老師卻回答說：『聽

到了就去做。』我感到迷惑了，我大膽提出請問其中道理是什麼？」孔子回答說：「冉求的個性較為畏縮保守，所以我鼓勵他要積極些。而仲由的個性好勇過人，我就勸告他要謙讓些。」

章目（二十二）

　　子畏於匡，顏淵後①。子曰：「吾以女為死矣！」曰：「子在，回何敢死②？」

【主旨】本章說明有仁德者亦必有過人的責任感與勇氣。

【註解】①後：失散在後。②何敢死：言不敢比老師先死。

【釋文】

　　孔子在匡地被圍困數日，受到虛驚，顏淵脫隊最後才跟上來。孔子說：「我以為你已死了！」顏淵說：「老師還活著，我那裡敢輕易就死了呢？」

章目（二十三）

　　季子然①問：「仲由、冉求，可謂大臣與？」子曰：「吾以子為異之問②，曾由與求之問。所謂大臣者，以道事君，不可則止。今由與求也，可謂具臣③矣。」曰：「然則從之者與？」子曰：「弒父與君，亦不從也。」

【主旨】本章說明一般為臣事君的道理。

【註解】①季子然：季氏子弟，因季氏得子路、冉求為家臣；他希望能多了解這兩個人，故問之。②異之問：謂原以為有異常之問。③具臣：備臣充數而已。

【釋文】

　　季子然問道：「仲由、冉求，可算為大臣嗎？」孔子說：「我原以為你有不同尋常的問題，那曉得你是想了解仲由和冉求兩個人呀？一般所說大臣的標準，是要以正道來事奉國君，如國君不接受走正道，就該罷官不做。現在仲由和冉求，可說只基本上具備臣子的工作條件罷了。」季子然接著問道：「那麼他們一定對季氏的話完全服從照做了？」孔子說：「也不盡然。要是像弒父、弒君這類大逆不道的事，他們也是不會聽從的。」

章目（二十四）

　　子路使子羔①為費宰。子曰：「賊夫人之子②！」子路曰：「有民人焉，有社稷焉，何必讀書，然後為學？」子曰：「是故惡③夫佞④者。」

【主旨】本章說明人必須為學到相當程度，方可出仕任官。

【註解】①子羔：姓高名柴，字子羔。孔子學生。②賊夫人之子：言子羔年尚幼，學未成而使之為宰，適以害之。③惡：厭惡。④佞：憑口舌不講理。

【釋文】

　　子路為季氏家臣，想派子羔去當費邑的地方官。孔子說：「子羔年輕，學能都還不夠完備。你這樣做等於是害了別人的兒子！」子路說：「那邊也有人民，也有政府組織，可以一面工作，一面學習的；又何必讀書，才算是做學問呢？」孔子說：「所以我最討厭用口舌來講歪理的人。」

章目（二十五）

　　子路、曾皙①、冉有、公西華侍坐。子曰：「以吾一日長乎爾，毋吾以也。居②則曰：『不吾知也！』如或知爾，則何以哉③？」

　　子路率爾④而對曰：「千乘之國，攝⑤乎大國之間，加之以師旅，因⑥之以饑饉；由也為之，比及⑦三年，可使有勇，且知方也。」夫子哂⑧之。

　　「求，爾何如？」對曰：「方六七十，如五六十，求也為之，比及三年，可使足民⑨；如其禮樂，以俟⑩君子。」

　　「赤，爾何如？」對曰：「非曰能之，願學焉！宗廟之事⑪，如會同⑫，端章甫⑬，願為小相⑭焉。」

　　「點，爾何如？」鼓瑟希⑮，鏗爾⑯，舍瑟而作⑰；對曰：「異乎三子者之撰⑱。」子曰：「何傷乎？亦各言其志也。」曰：「莫春⑲者，春服既成，冠者⑳五六人，童子六七人，浴乎沂㉑，風乎舞雩㉒，詠而歸。」夫子喟然嘆曰：「吾與㉓點也！」

　　三子者出，曾皙後。曾皙曰：「夫三子者之言何如？」子曰：「亦各言其志也已矣！」曰：「夫子何哂由也？」曰：

「為國以禮，其言不讓，是故哂之。」「唯求則非邦也與？」「安見方六七十，如五六十，而非邦也者？」「唯赤，則非邦也與？」「宗廟會同，非諸侯而何？赤也為之小，孰能為之大？」

【主旨】本章記述孔子趁四弟子待坐時，討論各人的志向，而孔子作一總評。

【註解】①曾皙：姓曾，名點，字子皙，又稱曾皙。曾參父。亦是孔子學生。②居：平居；平日。③何以哉：言將何以為用也。④率爾：輕率的樣子。⑤攝：受脅迫。⑥因：並且，接連。⑦比及：將及。⑧哂：微笑。⑨足民：使民富足。⑩俟：等待。⑪宗廟之事：謂祭祀。⑫會同：諸侯相會見。諸侯雙方見面曰會，眾見曰同。⑬端章甫：端，端正。章甫，古代禮服禮帽。⑭小相：相，擯相，贊君之禮者。言小，謙辭。⑮希：指瑟聲稀落。⑯鏗爾：鏗然；將瑟放下之聲。⑰舍瑟而作：舍，捨去。言推開瑟而起立。⑱撰：描述抱負之志。⑲莫春：即暮春，舊農曆三月。⑳冠者：古男子二十而冠，言成年人。㉑浴乎沂：言浴乎沂水之上。㉒舞雩：為祭天祈雨之處。㉓與：贊同。

【釋文】

　　子路、曾皙、冉有、公西華四人陪侍孔子一起坐著。孔子說：「不必因為我的年紀比你們稍大些你們就拘束起來。平時你們常說：『沒有人知道我！』如果有人知道你們，想用你們，那麼你們將怎樣表現呢？」

子路搶先答道：「假定有個千輛兵車的國家；夾在兩個大國之間，受到兵禍脅迫，國內又鬧饑荒；讓我來治理的話，約只要三年，便可使老百姓有了抵禦外侮的勇氣，並且明瞭仁義禮法的道理。」孔子聽了微微一笑。

又問冉有說：「冉求，你怎樣呢？」冉有回答說：「如有個六七十里或再小點五六十里見方的小國家，讓我來治理，大概只要三年，可以使老百姓人人富足；至於修明禮樂的大事，則需要更有才德的人來推動。」

「公西赤，你又會怎樣呢？」公西華答道：「我不敢說能做得怎麼好，但我願邊學邊做！像宗廟裡的祭祀，或是諸侯相會等重要事宜；我願意穿著禮服，戴著禮帽，在那裡做個小司儀。」

「曾點，你怎樣呢？」曾晳正在彈瑟，瑟聲輕柔；聽得老師叫他，便鏗的一聲停下，推開瑟站了起來。回答道：「我和他們三位的抱負不同。」孔子說：「那有什麼關係呢？只要大家說說自己的志向而已。」曾晳說：「當暮春三月，天氣已不是那麼冷的時候，正好穿上春天的衣服，邀請年輕人五六位，帶著小孩六七個，到沂水邊游泳洗澡，洗完了吹著風歇歇，欣賞一下舞雩台那邊或正好有人在跳著祭天祈雨的舞蹈；然後唱著歌回家。」孔子聽完曾晳所言，若有所思，喟然歎道：「我對曾點的主張頗有同感！」

稍後三個弟子都走了，曾晳留在後面。曾晳問：「他們三位說得怎麼樣？」孔子說：「不過各人說說自己的志向罷了！」曾晳問：「那麼老師為什麼笑仲由呢？」孔子說：「治國是以禮法為通則，他講話沒有一點謙讓，所以笑他。」

「那麼冉求所說的，好像不是治理一個國家呀？」孔子說：「怎見得六、七十里或五、六十里的土地，就不夠是一個國家呢？」「公西赤所說的，也不像治理一個國家呀？」孔子說：「宗廟會同這些事理，不是諸侯的事是什麼？公西赤願意去做個贊禮的小相，那麼又有誰能配做大相呢？」

篇目　顏淵第十二

　　本篇主要記錄孔子教育弟子如何實踐仁德，以及說明在上位者的行為，可以對百姓產生最好的示範作用。

章目（一）

　　顏淵問仁。子曰：「克己①復禮②為仁③。一日克己復禮，天下歸仁④焉。為仁由己，而由人乎哉？」顏淵曰：「請問其目⑤？」子曰：「非禮勿⑥視，非禮勿聽，非禮勿言，非禮勿動。」顏淵曰：「回雖不敏，請事斯語⑦矣！」

【主旨】本章說明要實踐仁德，主要重點在於克己復禮。

【註解】①克己：克制己身之私慾。②復禮：謂踐行禮節。③仁：仁者本心之全德。故為仁者，必須克勝私慾而踐於禮；而本心之德，復全於我矣。④歸仁：言一日克己復禮，則行走天下，都可以仁為中心思想矣。⑤目：條目，基本守則。⑥勿：禁止。⑦請事斯語：敬事此語，盡力去做。

【釋文】
　　顏淵問怎樣做才算是實行仁道，孔子說：「克制自己的欲望使自己的行為都合於禮的要求就是實行仁道。如果有一天真能做到這樣，那麼在社會上不論何時何地，說的話做的事都不會違反仁道了。這行仁的決心，要靠自己來努力才可做到，難道還要靠別人幫忙嗎？」顏淵又問：「那麼實行仁

道有無可資遵循的基本守則呢？」孔子說：「不合禮的事不要去看，不合禮的話不要去聽，不合禮的話不要去說，不合禮的事不要去做就對了。」顏淵說：「謝謝老師，我顏回雖然不很聰明，但已明白；從此就照著老師的話盡力去做了。」

章目（二）

仲弓問仁。子曰：「出門如見大賓①，使民如承②大祭③。己所不欲，勿施於人④。在邦⑤無怨，在家⑥無怨。」仲弓曰：「雍雖不敏，請事斯語矣！」

【主旨】本章說明實踐仁德，其次要能做到己所不欲，勿施於人。

【註解】①大賓：公侯等貴賓。②承：承當。③大祭：重大的祭典。④己所不欲勿施於人：謂己所不欲之事，勿施予他人；即忠恕之道。盡己之謂忠，推己及人之謂恕。⑤在邦：在諸侯之國。⑥在家：在卿、大夫之家。

【釋文】

仲弓問怎樣去實踐仁德。孔子說：「出門待人像會見貴賓一樣恭謙，使用民力時像承當重大的祭祀一樣謹慎。自己不想別人怎樣對你，你就不要那樣對人。這樣出仕於諸侯的邦國就不會招惹怨恨；任職為卿、大夫的家臣也不會招惹怨恨。」仲弓說：「我冉雍雖然魯鈍，願照這些話努力去做！」

章目（三）

司馬牛①問仁。子曰：「仁者，其言也訒②。」曰：「其言也訒，斯謂之仁矣乎？」子曰：「為之難，言之得無訒乎？」

【主旨】本章說明要實踐仁德，另還要小心說話有所斟酌而不輕易出口。

【註解】①司馬牛：姓司馬，名犁，又名耕，字子牛。孔子學生。宋向魋之弟。②其言也訒：說話若有所忍而不賣弄口舌。訒，忍也；難也。

【釋文】

司馬牛問怎樣做才是實踐仁德。孔子說：「有仁德的人，他說話有所斟酌而不輕易出口。」司馬牛又問道：「說話有所斟酌不輕易出口，這就能算是仁嗎？」孔子說：「任何事情要把它做好都是不容易的；那麼說的時候又怎能不先多作考慮而輕率出口呢？」

章目（四）

司馬牛問君子。子曰：「君子不憂不懼。」曰：「不憂不懼，斯謂之君子矣乎？」子曰：「內省不疚，夫何憂何懼！」

【主旨】本章強調君子之道在於日常能心安理得，不憂不懼。

【釋文】

司馬牛問怎樣做才算君子。孔子說：「君子不憂愁，不

心虛。」司馬牛又問道:「不憂愁,不心虛,就可稱為君子嗎?」孔子說:「經常自我反省,沒有愧疚,哪有什麼會憂愁不安,會心虛害怕的呢!」

章目(五)

司馬牛憂曰:「人皆有兄弟,我獨亡①!」子夏曰:「商②聞之矣:『死生有命,富貴在天。』君子敬而無失,與人恭而有禮;四海之內③,皆兄弟也。君子何患乎無兄弟也?」

【主旨】本章認為天下之人,基本上都應可互相愛敬如兄弟。

【註解】①我獨亡:亡,同「無」。司馬牛其實有兄弟數人,但卻似都不走正道,皆在宋國作亂。所以憂慮等於沒有兄弟。②商:子夏名。③四海之內:指天下之人。

【釋文】

司馬牛憂心地向子夏說:「人家都有好兄弟,唯獨我的兄弟有問題,等於沒有!」子夏說:「我曾聽人說過:『生死命中註定,富貴由天安排。』君子只求自己對事謹慎而不出差錯,對人恭敬而有禮貌,那麼天下的人,都會願意做你的兄弟。君子何必擔心沒有好兄弟呢?」

章目(六)

子張問明。子曰:「浸潤之譖①,膚受之愬②,不行焉,可謂明也已矣。浸潤之譖,膚受之愬,不行焉,可謂遠③也已矣。」

【主旨】本章強調人皆應充實自己，做到明察事理，見識深遠。

【註解】①浸潤之譖：譖，說人壞話，謂譖言毀人，如水之浸物，漸漸浸透。②膚受之愬：愬，同「訴」。謂訴冤之辭，似有用刀切身之痛；則聽者易信為真。③遠：指見識深遠。

【釋文】

　　子張問怎樣才算得上明察。孔子說：「像水那樣逐漸滲透那樣無孔不入地說人壞話，用刀割肌膚之痛那樣地訴說自己的冤枉，在他面前都行不通；這可算為明察了。聽了像水逐漸滲透那樣的譖言，切割肌膚傷痛那樣的訴冤，在他面前，都不會發生立即的效果，這可算是見識深遠了。」

章目（七）

　　子貢問政。子曰：「足食，足兵，民信之矣①。」子貢曰：「必不得已而去②，於斯三者何先？」曰：「去兵。」子貢曰：「必不得已而去，於斯二者何先？」曰：「去食。自古皆有死，民無信不立③。」

【主旨】本章強調為政之道，在於當政者能得民眾信任為最可貴。

【註解】①足食足兵民信之矣：言倉廩實，而武備修，然後推行教化，而民信於我矣。②去：去掉，減除。③民無信不立：言治國不可失信於民；失信於民，則一切政教制度無法建立。

【釋文】

　　子貢問怎樣去治理國家政事。孔子說：「充足糧食，充足軍備，並使人民信任政府。」子貢說：「如果必不得已，在這三項中應該先減除去那一項呢？」孔子說：「去掉軍備。」子貢說：「如果必不得已，在剩下的二項中又該先減去那項呢？」孔子說：「去掉糧食。自古以來，人都免不了死亡，但誠信卻是一定要先保留的；假使人民不信任政府，國家就完全沒有團結支撐的力量了。」

章目（八）

　　棘子成①曰：「君子質而已矣，何以文為？」子貢曰：「惜乎，夫子之說君子也，駟不及舌②！文猶質也，質猶文也。虎豹之鞟，猶犬羊之鞟③？」

【主旨】本章說明一個君子必然要同時保有自己先天善良的本質，以及後天禮樂文采的修養才好。

【註解】①棘子成：衛國大夫。古之大夫都可以被尊稱為夫子。②駟不及舌：指說話一出於舌，則駟馬不能追之。③虎豹之鞟猶犬羊之鞟：指虎豹之皮所以別於犬羊之皮，在於毛之文采不同而已。鞟，皮去毛者。

【釋文】

　　棘子成說：「君子只要有好的本質就夠了，又何必要詩禮樂等的文采來修飾呢？」子貢說：「可惜啊，先生這樣解釋君子，話一說出來，就連用四匹馬駕的快車也難以追回

來！文采和本質是互相關連，同等重要的。如果把虎豹和犬羊皮上有不同文采的毛除掉，那麼虎豹的皮革不是和犬羊的皮革一樣沒有分別了嗎？」

章目（九）

　　哀公問於有若曰：「年饑，用不足，如之何？」有若對曰：「盍徹①乎？」曰：「二②，吾猶不足，如之何其徹也？」對曰：「百姓足，君孰與不足？百姓不足，君孰與足？」

【主旨】本章說明國家徵稅不宜過重。

【註解】①徹：稅法。言田賦取十分之一之稅。②二：言加倍，即取十分之二。

【釋文】
　　魯哀公向有若問道：「年成歉收，國家的財政不夠用，怎麼辦好呢？」有若答道：「為什麼不節省一點，實行十分抽一的稅收呢？」哀公說：「十分抽二的稅，我都還感到不夠用，怎麼可以只收十分之一呢？」有若答道：「百姓富足了，國君怎麼會不富足？但假使百姓不先富足，國君又怎麼會跟著富足呢？」

章目（十）

　　子張問崇德①、辨惑②。子曰：「主忠信③，徙義④，崇德也。愛之欲其生，惡之欲其死；既欲其生，又欲其死，是惑也！」（誠不以富，亦祇以異⑤）

【主旨】本章說明人應有重視忠信、義理的常德,以及不宜出現矛盾的思想行為才好。

【註解】①崇德:尊崇品德。②辨惑:明辨疑惑。③主忠信:一切以忠信為主。④徙義:猶言行為趨向於道義。⑤誠不以富亦祇以異:此可能是錯簡,正確位置當在第十六篇第十二章齊景公有馬千駟之上。

【釋文】

　　子張問怎樣提高品德,明辨疑惑。孔子說:「一切以忠信原則為主,使自己的行為趨向於道義,便是提高品德。喜歡一個人的時候,便希望他活得越久越好,討厭一個人的時候,便希望他死得越快越好;既然要他生,又要他死,這就是情緒上的顛倒迷惑!」

章目(十一)

　　齊景公①問政於孔子。孔子對曰:「君君,臣臣,父父,子子②。」公曰:「善哉!信如君不君,臣不臣,父不父,子不子,雖有粟③,吾得而食諸?」

【主旨】本章說明要管理好國家政務,必須要一體明白人倫的道理。

【註解】①齊景公:名杵臼,齊國國君。諡號為景。魯昭公末年時,孔子適在齊國。②君君臣臣父父子子:謂為君者應盡君道,為臣者應盡臣道,為父者應盡父道,為子者應盡子道。③粟:指糧餉、俸祿。

【釋文】

　　齊景公問孔子治國的道理。孔子答道:「當國君的要盡到做國君的道理,當臣子的要盡到做臣子的道理,做父親的要盡到做父親的道理,做子女的盡到做子女的道理。」景公說:「好極了!如果君不盡君道,臣不盡臣道,父不盡父道,子女不盡子女道,縱然有糧餉俸祿,我怎能來安心享用它呢?」

章目(十二)

　　子曰:「片言①可以折獄②者,其由也與!」子路無宿諾③。

【主旨】本章敘述子路行事有明斷篤信的才德。

【註解】①片言:指片面之辭。②折獄:斷定法律刑罰的是非。③無宿諾:急於履行諾言,不拖延。宿,拖日子。

【釋文】

　　孔子說:「在兩個人爭論法律刑罰的是非中,若只聽其中任一個人講了片面幾句話,便能夠掌握重點,判決案件的,大概只有仲由吧!」子路承諾人的話,沒有拖日子時間不履行的。

章目(十三)

　　子曰:「聽訟①,吾猶人也②。必也,使無訟乎!」

【主旨】本章敘述孔子以社會上做到大家都能平安生活，不易出現難以判斷的訴訟事件為貴。

【註解】①聽訟：審判案件。②吾猶人也：言與人相等。

【釋文】

孔子說：「審理訴訟判別是非的能力，我是和一般人差不多的；但我與別人又稍有不同處，是我還希望先從教育和政治上著手努力推動教化民眾，使他們不隨便興訟，方為正本清源的要道。」

章目（十四）

子張問「政」。子曰：「居之無倦①，行之以忠②。」

【主旨】本章說明為政之道以忠心及勤快為主。

【註解】①居之無倦：做事的精神，始終如一。②行之以忠：做事的態度，表裡如一。

【釋文】

子張問為政的道理。孔子說：「擔任政府職務，不要懈怠，始終如一；推行政事，要表裡一致，以盡公道。」

章目（十五）

子曰：「博學於文，約之以禮，亦可以弗畔矣夫。」
（本章重出，見〈雍也〉篇第二十六章。）

章目（十六）

子曰：「君子成人之美①，不成人之惡；小人反是②。」

【主旨】本章說明一般君子與小人處事的用心不同。

【註解】①成人之美：見人為善行，則從旁協助以成之。②反是：與此正好相反。

【釋文】

孔子說：「君子希望人人都走向成功，所以喜歡成全別人的好事，不成全別人的壞事；小人見不得人好，做法就剛好相反。」

章目（十七）

季康子問政於孔子。孔子對曰：「政者正也。子帥以正，孰敢不正？」

【主旨】本章說明當政者處理政務，應先從端正己身的行為做起。

【釋文】

季康子問孔子為政的道理。孔子回答說：「政字的意義，就是要求守中庸正道。您在上位先依正道而行，來領導民眾，那還有誰敢不依正道來做呢？」

章目（十八）

　　季康子患盜，問於孔子。孔子對曰：「苟子之不欲①，雖賞之不竊②！」

【主旨】本章說明一般百姓都傾向上面長官的習慣行為辦事。故如在上位者不貪欲，則百姓盜竊的行為亦就不會多。

【註解】①不欲：不貪欲。②不竊：不偷竊。

【釋文】

　　季康子憂慮國內的盜賊多，向孔子求教。孔子回答道：「如果您自己不貪求財貨，這樣樹立風氣之後，那麼您就是獎勵人民去偷東西，他們也不會去做啊！」

章目（十九）

　　季康子問政於孔子曰：「如殺無道，以就①有道，何如？」孔子對曰：「子為政，焉②用殺？子欲善，而民善矣！君子③之德，風，小人④之德，草；草上之風必偃⑤。」

【主旨】本章說明為政者不需多用刑殺。只要上位者多行仁德之事，則百姓自然就受感化，會多表現仁德的行為。

【註解】①就：成就也。②焉：為何也。③君子：指在上位有權者。④小人：指一般庶民、百姓、人民。⑤偃：仆下。

【釋文】

　　魯國大夫季康子向孔子請教如何使政治上軌道說：「如殺掉壞人來保護好人，怎麼樣？」孔子回答說：「您現在已是一個主政的人，政權在手，哪還需要用殺戮的方法來辦事呢？只要您有心為善，大家就都會跟著做好了。領導人的德行好比是風，老百姓的德行好比是草；風在草上吹，草就會跟著風高低轉動啊！」

章目（二十）

　　子張問：「士何如斯可謂之達①矣？」子曰：「何哉？爾所謂達者？」子張對曰：「在邦必聞②，在家必聞。」子曰：「是聞也，非達也。夫達也者，質直而好義，察言而觀色，慮以下人③；在邦必達，在家必達。夫聞也者，色取仁而行違④，居之不疑⑤；在邦必聞，在家必聞。」

【主旨】本章說明一個士人的所謂有名望和能通達的不同。

【註解】①達：通達。言德孚於人而行無不通達。②聞：名聲著聞。③慮以下人：言謙卑以自牧。④色取仁而行違：裝出表面顏色以取於仁，而行為不符實際。⑤居之不疑：自以為是，專務虛偽做久了，更不自疑也。

【釋文】

　　子張問道：「一個士人要怎樣做，才可算得上通達呢？」孔子說：「你所說的通達是什麼意思？」子張答道：「在諸侯的邦國，一定有名望；在卿、大夫的家，一定有名

望。」孔子說：「這是名望，不是通達。所謂通達的人。他
心地要正直而講求道義，又能仔細聽懂別人說的話，觀察別
人的神色心態，總是想到謙虛，不爭勝。這樣他在邦國內，
必然通達，在大夫之家，也必然通達。現在所謂有名望的
人，只是表面上似乎愛好仁德，而行為卻不如此，自己就竟
以仁人自居而不加疑惑了。這種人，他在邦國內，一定會以
不正常的方法來哄取名望，在大夫之家，也一定會以不正當
的手段來哄取名望。」

章目（二十一）

　　樊遲從遊於舞雩①之下，曰：「敢問崇德、脩慝②、辨
惑？」子曰：「善哉問！先事後得③，非崇德與？攻其惡，
無攻人之惡，非脩慝與？一朝之忿④，忘其身以及其親，非
惑與？」

【主旨】本章說明崇德、脩慝和辨惑的道理。

【註解】①舞雩：祭天祈雨的壇台。②脩慝：排除心中的惡
念。脩，排除。慝，惡念。③先事後得：猶言先難後獲。為
所當為之事，而不計其功利，則德日積而不自知矣。④一朝
之忿：言一時之憤怒。

【釋文】

　　樊遲跟隨孔子在祭天祈雨的舞雩台下遊覽，問道：「請
問怎樣可以提高品德、排除惡念、明辨迷惑。」孔子說：
「問得好極了！先做應做的事，而不計較個人利益，不就是

提高品德嗎？檢討自己的過失，不指責人家的過失，不就是排除自己的惡念嗎？如果隨便發脾氣，有時甚至忘了自己的生命，甚至忘了父母家屬等親人的安危，不就是迷惑嗎？」

章目（二十二）

　　樊遲問仁。子曰：「愛人。」問知①。子曰：「知人。」樊遲未達②。子曰：「舉③直錯④諸枉，能使枉者直。」樊遲退，見子夏曰：「鄉⑤也，吾見於夫子而問知。子曰：『舉直錯諸枉，能使枉者直。』何謂也？」子夏曰：「富哉言乎！舜有天下，選於眾，舉皋陶⑥，不仁者遠矣；湯有天下，選於眾，舉伊尹⑦，不仁者遠矣。」

【主旨】本章討論仁德與明智，並舉例加以說明。

【註解】①知：同智。②未達：未明。③舉：舉拔。④錯：安置在上。⑤鄉：同「嚮」，指前時。⑥皋陶：舜之賢臣，以執法嚴謹著稱。⑦伊尹：湯之賢相，出身廚師，執政善用調和鼎鼐。

【釋文】

　　孔子的學生樊遲問「仁」的意義是什麼。孔子說：「愛護人。」又問怎樣才算明智。孔子說：「能明察一個人的是否能愛護人。」樊遲未明白孔子的意思。孔子又補充說：「提拔正直的人，放置在不正直的人上面，就能使不正直的人也變正直了。」樊遲退出；過了一陣子去找子夏，說道：「前些時候，我在老師那邊問怎樣才算明智。老師說：『提

拔正直的人，放置在不正直的人上面，就能使不正直的人也
變正直。』這是什麼道理呢？」子夏回答：「這話真充分表達
了明智以愛護人的意義啊！虞舜有了天下無為而治，在眾人
之中提拔皋陶掌刑法，除了補足自己的短處外，又可使那些
不愛護人的官員自然就無所施展而遠離。商湯善征伐有了天
下，在眾人之中提拔了伊尹作為他的宰相，除了補足自己的
短處外，也又可使那些不愛護人的官員就無所施展而遠離了。

章目（二十三）

　　子貢問友①。子曰：「忠告而善道②之，不可則止，毋自
辱焉。」

【主旨】本章敘述結交朋友的原則。

【註解】①友：言交友之道。②道：以道理善導之。

【釋文】

　　子貢問交友的方法。孔子說：「朋友有不對的地方，忠
心勸告他，並且善意委婉地開導他。但這樣做了，朋友如不
接受，就要停止勸導，不要自討沒趣而遭受侮辱。」

章目（二十四）

　　曾子曰：「君子以文①會友；以友輔仁②。」

【主旨】本章進一步說明結交朋友可以促進個人的知識範圍
和仁德。

【註解】①文：指詩書禮樂等學識文章。②輔仁：朋友互相輔助，共進於仁。

【釋文】

　　曾子說：「君子以詩書禮樂文章來結交朋友；又以朋友互相輔助，培養仁德。」

篇目　子路第十三

本篇記錄孔子論述執政者為人和為政不可分。為政首在正名，執政者凡事先之勞之。然後以身作則教導人民。等到人民在接受了有關的基本教育之後，才可以追隨執政者來捍衛國家。

章目（一）

子路問政，子曰：「先之，勞之。」請益，曰：「無倦。」

【主旨】本章說明為政主要在能自己辛苦先做百姓的榜樣，而且要能持久不倦。

【釋文】

子路問為政的道理，孔子說：「領導民眾，凡有關政令的規定，自己要比他們先遵守實行，身先勞苦做個榜樣。」子路請求再說詳細些，孔子說：「只要能持之以恆不鬆懈就對了。」

章目（二）

仲弓為季氏宰，問政。子曰：「先有司①，赦小過，舉賢才②。」曰：「焉知賢才而舉之？」曰：「舉爾所知，爾所不知，人其舍諸③？」

【主旨】本章說明為政也要能推舉出有德有能的賢才幫手。

【註解】①先有司：先把各官員的人事職務工作分配好。②賢才：有德、有能者。③舍諸：言捨棄之乎？

【釋文】

仲弓做了季氏的家臣，問為政的道理。孔子說：「凡事先按照職務分層負責，安定人事。他們偶有小過錯不要太計較。舉用有德有能的人來做事。」仲弓接著說：「何以知道誰有賢才而舉用他呢？」孔子說：「你只要舉用你所知道的人，你所不知道的，別人會捨棄他而不推薦給你嗎？」

章目（三）

子路曰：「衛君①待子而為政，子將奚先②？」子曰：「必也正名③乎！」子路曰：「有是哉？子之迂④也，奚其正？」子曰：「野⑤哉，由也！君子於其所不知，蓋闕如⑥也。名不正，則言不順⑦；言不順，則事不成；事不成，則禮樂不興；禮樂不興，則刑罰不中⑧；刑罰不中，則民無所措手足。故君子名之必可言也，言之必可行也。君子於其言，無所苟⑨而已矣！」

【主旨】本章說明為政要順利推動工作，領導人的名份適當，也很重要。

【註解】①衛君：指衛出公輒，父蒯聵出亡在外，衛人立輒為君（見〈述而第七・十四〉）。是時，孔子自楚返至衛。②奚先：何者為先。③正名：正名分，即正君臣、父子之名份。④迂：迂闊，言不切實際。⑤野：鄙俗。責其粗率而妄對。

⑥闕如：擱置一邊而不談。⑦言不順：謂言不順理。⑧中：中理，合於理。⑨無所苟：謂一名一言，皆不可輕率苟且。

【釋文】

　　子路說：「如果衛君等待老師去輔助他治理國政，老師準備首先做什麼事呢？」孔子說：「那一定要先正名分，確定什麼人的身份資格符合做什麼事。」子路說：「有此必要嗎？老師真是迂遠不切實際！事情做好就行，何必要正名分呢？」孔子說：「真是粗俗，仲由啊！君子對於他所不知道的事，擱置而不隨便發言。要知道名分不正，說出來的話就不能合理；話不合理，做事便難成功；做事難成功，禮樂文教便不能推行；禮樂文教不能推行，刑罰便缺乏一致的標準；刑罰缺乏標準，老百姓便亂了章法，無所適從。所以君子行事必先定下名分，公道話才可以說得出口；話說得出口，事情才容易辦得通；君子對於自己所說的話，就是不能隨便苟且啊！」

章目（四）

　　樊遲請學稼①。子曰：「吾不如老農。」請學為圃②。曰：「吾不如老圃。」樊遲出，子曰：「小人③哉，樊須也！上好禮，則民莫敢不敬；上好義，則民莫敢不服；上好信，則民莫敢不用情④。夫如是，則四方之民，襁⑤負其子而至矣；焉用稼？」

【主旨】本章說明禮、義、信為領導人民的要務。

【註解】①稼：種植五穀稻作。②圃：種植蔬果。③小人：指不識大體：缺乏遠大理想的人。④用情：情，真誠。猶言民以誠實對其上。⑤襁：襁褓，以布幅或小被裹負嬰兒。

【釋文】

樊遲請學種莊稼的方法。孔子說：「我不如老農夫。」又請學種蔬果的方法。孔子說：「我不如老菜農。」樊遲退出，孔子說：「樊遲真沒志氣，不肯多努力啊！一個領導者講求禮節，老百姓就自然不敢不尊重規矩；一個領導者講求義氣，老百姓就自然不敢不服從指導；一個領導者講求信用，老百姓就自然不敢不誠懇老實。做到這地步時，四方的人民都會帶著家人小孩來追隨你了。你哪還有功夫自己去種田呢？

章目（五）

子曰：「誦《詩》三百①，授之以政，不達②。使於四方，不能專對③；雖多，亦奚以為？」

【主旨】本章說明人的才學重要的在於能合適應用。

【註解】①詩三百：《詩經》三百零五首。②不達：不能通順明達。③專對：單獨應對狀況。

【釋文】

孔子說：「讀了《詩經》三百多首，派給他政事，不能夠治理得通順明達。派他出使到各國去，不能單獨妥善應對各種狀況；雖然讀得多，又有什麼用呢？」

章目（六）

子曰：「其身正，不令而行；其身不正，雖令不從。」

【主旨】本章說明為政者必須要求端正己身的行為舉止。

【釋文】

孔子說：「在上的人先求本身的行為端正，就是不常對百姓人民發命令，事情也行得通；如果本身的行為不端正，雖下了很多政令，百姓人民也不會聽從。」

章目（七）

子曰：「魯衛之政①，兄弟也。」

【主旨】本章指出魯、衛兩國的政治傳統類似。

【註解】①魯衛之政：魯，周公之後；衛，周公弟康叔之後；政治傳統相似。

【釋文】

孔子說：「魯衛兩國的政治傳統類似，真是兄弟之邦。」

章目（八）

子謂衛公子荊①：「善居室。始有，曰：『苟合矣。』少有，曰：『苟完矣。』富有，曰：『苟美矣。』」

【主旨】本章讚美衛公子荊，有節約知足、居室有方的美德。

【註解】①衛公子荊：衛國大夫。

【釋文】

　　孔子評論衛公子荊，說：「他善於治理家業。家中的生活用品剛有一點時，他便說：『差不多夠用了。』稍再增加一些時，他便說：『差不多完備了。』家用無缺時，他便說：『看起來華美堂皇了。』」

章目（九）

　　子適①衛，冉有僕②。子曰：「庶③矣哉！」冉有曰：「既庶矣，又何加焉？」曰：「富之。」曰：「既富矣，又何加焉？」曰：「教之。」

【主旨】本章說明要使社會安定，就要先使人民富足和接受教育。

【註解】①適：前往。②僕：幫忙駕車。③庶：眾多，指人口眾多。

【釋文】

　　孔子到衛國去，冉有替他駕車。孔子說：「衛國人口眾多啊！」冉有說：「人口眾多了，進一步要為百姓人民做什麼呢？」孔子說：「要使他們富足安居樂業啊。」冉有說：「人民已富足了，那進一步又要做什麼呢？」孔子說：「要教化他們啊。」

章目（十）

　　子曰：「苟有用我者，朞月①而已可也，三年有成。」

【主旨】本章孔子感嘆未能出仕協助治理國家。

【註解】①朞月：期滿一年之月。即一週年。

【釋文】

　　孔子說：「如果有人用我來治理國家政務，一週年便差不多可以順遂走上軌道，三年便會很有政績成果。」

章目（十一）

　　子曰：「『善人為邦百年，亦可以勝殘去殺①矣。』誠哉是言也！」

【主旨】本章認為如有適當的人治理國家，接下去一百年就可以安定廢除死刑了。

【註解】①勝殘去殺：勝殘，言化殘暴之人，使之不為惡。去殺，謂民化於善，可以不用刑戮。

【釋文】

　　孔子說：「古人說：『善良的人治國家政事，能接連下去一百年，這樣建立善良風氣的結果，也可以使殘暴的人，不再做殺人放火等壞事；政府就可以廢除死刑了。』這話說得真對！」

章目（十二）

子曰：「如有王者，必世①而後仁。」

【主旨】本章認為如有適當的君王治國，約需三十年可以彰顯仁道於世。

【註解】①世：一般以三十年為一世。

【釋文】

孔子說：「如果有聖明的君王興起來治理天下，也至少必須經過三十年後，才能使仁道大行於天下。」

章目（十三）

子曰：「苟正其身矣，於從政乎何有？不能正其身，如正人何？」

【主旨】本章說明為政要先端正己身。

【釋文】

孔子說：「執政的人如果先能端正自己的言行，對於政事工作又有什麼難處呢？如果不能先端正自己，又怎能做端正別人的事呢？」

章目（十四）

冉子退朝，子曰：「何晏①也？」對曰：「有政②。」子曰：「其事③也！如有政，雖不吾以④，吾其⑤與聞⑥之！」

【主旨】本章說明公私政事有別。

【註解】①晏：晚也。②政：指有國家的政務。③事：指大夫的家務事。④不吾以：「不以吾」之倒裝句。⑤其：表示推測反問之語助詞，大概。⑥與聞：參與聽聞。

【釋文】

　　冉有從季氏的私朝回來，孔子說：「為什麼今天這麼晚呢？」冉有答道：「有政務耽延了。」孔子說：「恐怕只是季氏的家事吧！如果有國家的政務，雖然朝廷現在不用我管事了，但我大概還是會有所聽聞的。」

章目（十五）

　　定公問：「一言而可以興邦，有諸？」孔子對曰：「言不可以若是其幾①也！人之言曰：『為君難，為臣不易。』如知為君之難也，不幾乎②一言而興邦乎？」曰：「一言而喪邦，有諸？」孔子對曰：「言不可以若是其幾也！人之言曰：『予無樂乎為君，唯其言而莫予違也③。』如其善而莫之違也，不亦善乎？如不善而莫之違也，不幾乎一言而喪邦乎？」

【主旨】本章指出為君責任重大，說話必須謹慎穩重。

【註解】①幾：預期。②幾乎：近乎。③予無樂乎為君二句：指為君並不快樂。唯可樂者，是說話無人敢違抗。

【釋文】

　　定公問道：「一句話便可以使國家興盛，有這回事嗎？」孔子答道：「話不可以預期它必然這樣！但有人說過：『做國君責任艱難，做臣子也不容易。』如果明白國君不容易做而認真去做；不是幾近乎一句話便使國家興盛嗎？」定公又問：「一句話便可以使國家喪亡，有這回事嗎？」孔子答道：「話不可以預期它必然這樣！也有人說過：『做國君沒有什麼可快樂的，除了我說的話沒人敢違抗之外。』如果國君說的話正確而沒人敢違抗，那不是很好嗎？如國君說的話不正確，大家又只知阿諛而沒人敢違抗；那不幾乎就是一句話便使國家敗亡嗎？」

章目（十六）

　　葉公問政。子曰：「近者說，遠者來。」

【主旨】本章說明施政能做到使本地人民悅服，他地人民來歸，就是好的政治。

【釋文】

　　葉公問為政的道理。孔子說：「就是要努力做到使本地的人民都安居樂業而歡悅，遠方的人民也聞風來歸附。」

章目（十七）

　　子夏為莒父①宰，問政。子曰：「無欲速②，無見小利③；欲速則不達，見小利則大事不成。」

【主旨】本章說明施政宜先有長遠的計劃，依次而進。不宜貪圖眼前小利，急躁而步伐混亂。

【註解】①莒父：魯國邑名。②欲速：欲事之速成。③見小利：只見當前之小利。

【釋文】

　　子夏當了莒父邑宰，問孔子該怎樣施政。孔子說：「不要求速成而急功躁進，不要只看到眼前小利。凡事只求速成思慮不周，就往往難以達成長遠的任務；只顧到小利益短視近利，就往往做不成大事。」

章目（十八）

　　葉公語孔子曰：「吾黨有直躬者①，其父攘②羊而子證③之。」孔子曰：「吾黨之直者異於是，父為子隱④，子為父隱，直在其中矣。」

【主旨】本章說明孝親當隱過。

【註解】①直躬者：行直道之人。②攘：竊取。③證：揭發。④隱：隱過。（目前各國的刑事訴訟法中，大都已明確有了在某種親等以內的血親、姻親得拒絕證言之規定。）

【釋文】

　　葉公告訴孔子說：「我們鄉里有個很耿直的人，他的父親偷了別人的羊，做兒子的就站出來指證這件事。」孔子說：「我們鄉里的耿直人士做法卻不一樣。反而認為父親不

會隨便向外人講兒子的過錯，兒子不會隨便向外人講父親的過錯。這才較符合耿直的人倫道理。」

章目（十九）

樊遲問仁。子曰：「居處①恭，執事②敬，與人忠。雖之③夷狄④，不可棄也。」

【主旨】本章列舉幾種顯著屬於仁者的行為表現。

【註解】①居處：言日常起居。②執事：處事。③之：前往。④夷狄：指未開化之異邦。

【釋文】

樊遲問為仁的道理。孔子說：「平常生活起居要恭謹平和，做事要敬慎持重，待人要忠誠懇切。不論時地，就算是到蠻夷之邦，也不可以捨棄這些基本原則。」

章目（二十）

子貢問曰：「何如斯可謂之士矣？」子曰：「行己有恥①，使於四方，不辱君命②，可謂士矣。」曰：「敢問其次？」曰：「宗族稱孝焉，鄉黨稱弟焉。」曰：「敢問其次？」曰：「言必信③，行必果④；硜硜然⑤，小人⑥哉！抑亦可以為次矣。」曰：「今之從政者何如？」子曰：「噫！斗筲之人⑦，何足算也！」

【主旨】本章說明幾種屬於士人的等級行為。

【註解】①行己有恥：一己之行事，能知恥而有所為有所不為。②不辱君命：言臣出使，不辱沒國君交付之使命。③言必信：說話信實。④行必果：應有所為時，必果敢為之。⑤硜硜然：石頭堅硬貌。⑥小人：指知識氣量淺狹之人。⑦斗筲之人：斗容量十斤；筲，竹器，容量一斗二升，均指器之小者。

【釋文】

　　子貢問道：「怎樣做才可以稱為士呢？」孔子說：「自己立身執行公務，能明白有所為有所不為的道理。出使外國時，能夠達成國君交付的任務，便可以稱為士了。」子貢道：「敢問次一等的怎樣？」孔子說：「宗族中的人都稱讚他孝順父母，鄉里中的人都稱讚他恭敬尊長。」子貢道：「敢問再次一等的怎樣？」孔子說：「說話一定信實，做事一定果斷；堅持自守，雖像是個知識氣量狹淺頑固的人，但也可算是次一等的了。」子貢說：「現在從政的人怎樣？」孔子說：「唉！這些才短量淺的人，怎能算數啊！」

章目（二十一）

　　子曰：「不得中行①而與之②，必也狂狷③乎！狂者進取，狷者有所不為也。」

【主旨】本章指孔子感嘆不易得和言行合於中庸者共勉，那就只有和言行較進取或保守自得者在一起了。

【註解】①中行：言行能合乎中庸之道者。②與之：與之同

處。③狂狷：狂指意氣奔放，志在進取。狷指品性高潔，有所不為。

【釋文】

孔子說：「我很難得到言行合於中庸的人和他在一起共勉，那只有求次一等個性狂狷的人了！狂放的人雖好高騖遠，但有進取心，狷介的人雖拘謹保守，但絕不肯做不合義理的事。」

章目（二十二）

子曰：「南人有言曰：『人而無恒，不可以作巫醫①。』善夫！『不恒其德，或承之羞②。』」子曰：「不占而已矣。」

【主旨】本章認為缺乏恆心者只有凶，難有吉。所以不必去占卜了。

【註解】①巫醫：巫，所以交鬼神者。醫，治人疾病者。古時醫、巫的地位很重要，但因當時缺乏一定的科學標準，又很容易混充。但不論巫醫好混與否，人如想做而不付出恆心力氣，都難維持長久的。②不恒其德或承之羞：此《易經》〈恒卦〉九三之爻辭。言人無常德，將容易招承羞辱。

【釋文】

孔子說：「南方人有句話說：『人如果無恒心，不可以當巫師醫生。』這話說得好！《易經》上也說：『人如果沒有恆心常德，只想佔便宜混充，羞辱的事也就會跟著進來。』」孔

子說：「無恒心的人，不必替他占卜吉凶了，因為只可能有凶，不可能有吉。」

章目（二十三）

　　子曰：「君子和①而不同②，小人同而不和。」

【主旨】本章說明君子和小人的不同趨向。

【註解】①和：道理相和。②同：利益相同。

【釋文】

　　孔子說：「君子與人交往，以道理相和趨向為主；小人與人交往，以利益相同趨向為主。」

章目（二十四）

　　子貢問曰：「鄉人皆好之，何如？」子曰：「未可也。」「鄉人皆惡之，何如？」子曰：「未可也。不如鄉人之善者好之，其不善者惡之。」

【主旨】本章說明深入觀察善惡者的道理。

【釋文】

　　子貢問道：「一鄉的人都喜歡他，這個人怎樣？」孔子說：「還不可以就相信他是好人。」子貢又問：「一鄉的人都討厭他，這個人怎樣？」孔子說：「還不可以說就相信他是壞人。倒不如一鄉的好人喜歡他，同時壞人討厭他，才可以確定是真正的好人。」

章目（二十五）

子曰：「君子易事①而難說②也；說之不以道，不說也；及其使人也，器之③。小人難事而易說也；說之雖不以道，說也；及其使人也，求備④焉。」

【主旨】本章說明一個君子或小人長官，任用部屬的原則不同。

【註解】①易事：容易共事交往。②說：同「悅」，喜歡。③器之：因各人之才器不同而任用。④求備：只求備位充數。

【釋文】

孔子說：「一個君子人是容易共事的，卻難以討他喜歡；因為如不以合理的方式來使他喜歡，他是不會喜歡的；而他任用一個人的時候，是純然以那個人是否適合該項工作的條件來考量的。一個小人是難於共事的，卻可以輕易地討他喜歡；因為他缺乏原則又不管合不合理，只要巴結就可以讓他喜歡了；而他在任用一個人的時候，就不論那人的資格能力如何，形式上只要備位，但求可完全配合自己就行。」

章目（二十六）

子曰：「君子泰①而不驕②，小人驕而不泰。」

【主旨】本章亦在辨別君子與小人。

【註解】①泰：安舒貌。②驕：驕傲的樣子。

【釋文】

孔子說：「一個君子安詳舒泰而不傲慢，小人則傲慢而不安祥舒泰。」

章目（二十七）

子曰：「剛毅木訥，近仁。」

【主旨】本章列舉四項近乎仁人的特色。

【釋文】

孔子說：「意志堅強、行為果斷、性情樸實、說話緩慢，有這四種品德的人近似於仁人。」

章目（二十八）

子路問曰：「何如斯可謂之士矣？」子曰：「切切①偲偲②，怡怡③如也，可謂士矣。朋友切切偲偲，兄弟怡怡。」

【主旨】本章舉例士人的一般特色。

【註解】①切切：互相切磋。②偲偲：互相勉勵。③怡怡：和悅的樣子。

【釋文】

子路問道：「怎麼樣做，才可以稱為士呢？」孔子說：「做人要能一起切磋互勉，態度和悅，便可以稱為士了。朋友之間要切磋互勉，兄弟之間要和悅相處。」

章目（二十九）

子曰：「善人教民七年，亦可以即戎①矣。」

【主旨】本章指出要訓練人民能上戰場的合理條件。

【註解】①即戎：就陣作戰。即，就也。戎，兵也。

【釋文】

孔子說：「一個能做對事的好人主政，教導民眾講習文武七年之久，也可以使他們上戰場作戰了。」

章目（三十）

子曰：「以不教民戰，是謂棄之①。」

【主旨】本章指出國家的武備，必須用心費時來整訓。

【註解】①棄之：等於放棄，任其犧牲。

【釋文】

孔子說：「用沒有經過教導演練的民眾去作戰，就是等於白白犧牲他們的性命。」

篇目　憲問第十四

　　本篇講述當政者要忠誠而且言出必行，持之有恆。從一開始便要有不辭勞苦，只問耕耘不問收穫的精神。不要做只顧自己名利的可恥行為。

章目（一）

　　憲①問恥。子曰：「邦有道穀，邦無道穀，恥也。」

【主旨】本章指出一個公務人員的基本恥辱行為。

【註解】①憲：原憲，字子思。孔子學生。

【釋文】
　　原憲問什麼是可恥的。孔子說：「在國家太平的時候，只知食祿而沒有文教建樹。在國家紛亂的時候，也只知食祿而不能守身免受汙染。都是可恥的事。」

章目（二）

　　「克、伐、怨、欲①，不行焉，可以為仁矣？」子曰：「可以為難矣，仁則吾不知也。」

【主旨】本章說明能去除克、伐、怨、欲四種行為已屬難得。

【註解】①克伐怨欲：克，好勝。伐，矜誇。怨，怨恨。欲，貪欲。

【釋文】

（本章語氣或承上章）原憲又問：「好勝、自誇、怨恨、貪慾。這四種行為能自我克制住不去做，可算是仁人嗎？」孔子說：「可以說是難能可貴了，至於要說是仁人，那我就不確定了。」

章目（三）

子曰：「士①而懷居②，不足以為士矣！」

【主旨】本章說明一個人若只求偷安耽樂，便不配稱為讀書人。

【註解】①士：指有志於道者。②懷居：言繫戀所居現況而偷安耽樂。

【釋文】

孔子說：「一個讀書人，若是一味只貪圖目前安居享樂的生活，沒有人生目標，缺乏力爭上游的志氣，便不配稱做讀書人了！」

章目（四）

子曰：「邦有道，危①言危行；邦無道，危行言孫②。」

【主旨】本章說明一個人的基本處世之道。

【註解】①危：高潔正直。②言孫：語言委婉謙遜。

【釋文】

　　孔子說：「國家太平時，言語和行為要正直；國家紛亂時，行為仍然要正直，但言語要委婉謙遜以避禍。」

章目（五）

　　子曰：「有德者必有言，有言者不必有德。仁者必有勇，勇者不必有仁。」

【主旨】本章說明有德與有仁的行為特色。

【釋文】

　　孔子說：「有道德的人口才一般不錯；口才不錯的人不一定有道德。有仁心的人必定勇敢；勇敢的人不一定有仁心。」

章目（六）

　　南宮适①問於孔子曰：「羿②善射，奡③盪舟，俱不得其死然。禹、稷躬稼④而有天下。」夫子不答。南宮适出，子曰：「君子哉若人！尚德哉若人！」

【主旨】本章說明人因不義或有德，其結局亦不同。

【註解】①南宮适：即南容。為孔子學生。②羿：夏朝有窮國之君，善射。後因自持其射，不修民事，為其臣寒浞所殺。③奡：寒浞子，有大力，能陸地行舟，後為夏后少康所殺。④禹、稷躬稼：大禹盡力於溝洫，繼舜而有天下。后稷教民耕稼，為周朝的始祖。

【釋文】

　　南宮适問孔子道：「羿善於射箭，奡能用手在陸地上推舟前進，但最後都不得好死。夏禹、后稷親自下田耕種，反而得到了天下。」孔子沒有回答。等到南宮适出去後，孔子說：「他這個人，真是個君子啊！像他這個人，真是尊尚道德啊！」

章目（七）

　　子曰：「君子而不仁者有矣夫！未有小人而仁者也！」

【主旨】本章說明仁道有時也很難做到完備。

【釋文】

　　孔子說：「君子有時候也會因不小心而行為違背仁道！然而從來沒有小人會實行仁道的！」

章目（八）

　　子曰：「愛之，能勿勞乎？忠焉，能勿誨乎？」

【主旨】本章說明愛護與忠敬都不等於放任。

【釋文】

　　孔子說：「我們愛護一個人，能夠一味放任他什麼事都不做嗎？忠於一個人，能夠在犯錯時，姑息不勸導他嗎？」

章目（九）

　　子曰：「為命①，裨諶草創之，世叔討論之，行人子羽修飾之，東里子產潤色之②。」

【主旨】本章敘述鄭國對外交文書制定的慎重。

【註解】①為命：言擬作外交所需之辭令。命，外交辭令。②裨諶草創之四句：裨諶、世叔、子羽、子產四人皆鄭國大夫，能分工合作使外交辭令的制定，更趨精詳而完美。草創，起草稿。討論，研究後提出意見。行人，掌出使之官。修飾，刪改文字內容。東里，地名。潤色，謂以辭藻增加其文采。

【釋文】

　　孔子說：「鄭國人才很多，每制定一件外交文書，先由裨諶起草稿，再由世叔檢討審議，行人之官子羽修飾辭句，然後由東里子產在辭藻上加以潤色定稿。」

章目（十）

　　或問子產，子曰：「惠人①也。」問子西②，曰：「彼哉③，彼哉！」問管仲，曰：「人也，奪伯氏駢邑三百④，飯疏食，沒齒⑤無怨言。」

【主旨】本章評論子產、子西、管仲為人的不同。

【註解】①惠人：寬厚之人。②子西：或指楚公子申。亦賢

大夫。③彼哉：表示輕視的習慣語，言無足稱道。④奪伯氏
駢邑三百：伯氏，齊大夫。駢邑，地名。管仲曾剝奪伯氏之
邑三百戶的采地，然伯氏自知己罪，而心服管仲之功，故窮
約以終身而無怨言。⑤沒齒：齒，年齡；沒齒，猶言終身。

【釋文】

　　有人問子產是怎樣的人。孔子說：「他是個對待百姓寬
厚慈愛的人。」又問子西。孔子說：「他呀！他呀！」又問
管仲。孔子說：「這個人，曾經剝奪了伯氏駢邑三百戶的采
地，使伯氏只能吃粗飯粗菜，可是伯氏心服管仲到死也沒有
怨恨的話。」

章目（十一）

　　子曰：「貧而無怨，難；富而無驕，易。」

【主旨】本章敘述人在身處貧窮或富貴時，可能有的特色
表現。

【釋文】

　　孔子說：「一個人身處貧窮卻沒有怨言，很難；富貴卻
不驕傲，還比較容易做到。」

章目（十二）

　　子曰：「孟公綽①，為趙魏②老③則優④，不可以為滕薛
⑤大夫。」

【主旨】本章談論孟公綽的才能特色。

【註解】①孟公綽：魯國大夫。性廉靜而寡欲，適合辦理一般事務但不適於處理較繁雜的政務。②趙魏：晉卿之家。蓋後與韓家一起三家分晉。③老：家臣之長。④優：寬綽有餘。⑤滕薛：二小國名。

【釋文】

　　孔子說：「孟公綽，要他去做晉國趙氏魏氏等大家族的家臣總管，他的才能是有餘的，但不適合去當滕、薛等小國的大夫。

章目（十三）

　　子路問成人①。子曰：「若臧武仲②之知，公綽③之不欲，卞莊子④之勇，冉求之藝，文⑤之以禮樂，亦可以為成人矣！」曰：「今之成人者，何必然？見利思義，見危授命⑥，久要⑦不忘平生之言⑧，亦可以為成人矣！」

【主旨】本章談論所謂成人的人格要求。

【註解】①成人：成德之人。②臧武仲：即臧武紇，魯國大夫。有智慧。③公綽：即孟公綽，魯國大夫。能廉靜寡欲。④卞莊子：魯國卞邑大夫，有勇。⑤文：修飾。⑥授命：願意付出生命。⑦久要：長久以前的約定。⑧平生之言：平常所許之承諾意願。

【釋文】

子路問怎樣才算是人格完備的人。孔子說:「要有臧武仲那樣的智慧,孟公綽的不貪求,卞莊子的勇氣,冉求的技能創藝,再加上禮樂的薰陶修飾,也可算是人格完備的人了!」又說:「現在人格很好的人,又何必要這樣完備呢?只要做到看見利益,同時能夠顧到有關的義理;遇到危難,同時能願意付出自己的生命。跟人有舊約,不要忘掉曾經允許的諾言;這也可算是人格完備的人了。」

章目(十四)

子問公叔文子①於公明賈②,曰:「信乎?夫子③不言不笑不取乎?」公明賈對曰:「以告者過也!夫子時然後言,人不厭其言;樂然後笑,人不厭其笑;義然後取,人不厭其取。」子曰:「其然!豈其然乎?」

【主旨】本章談論衛大夫公孫拔的為人特色。

【註解】①公叔文子:衛國大夫公孫拔。文是謚號。②公明賈:公明姓,賈名。亦衛人。③夫子:指公孫拔。

【釋文】

孔子問公明賈關於公叔文子的為人,說:「的確這樣嗎?公孫大夫平常不苟言笑,不貪取嗎?」公明賈回答道:「那是告訴你的人說得太過分了!公孫大夫應是該說話的時候才說話的一個人,所以人家不會討厭他說的話;真正快樂的時候才笑,所以人家不會討厭他的笑;理應取得的才取,

所以人家不會討厭他的獲取。」孔子說：「是這樣嗎！他真能做到這樣嗎？」

章目（十五）

子曰：「臧武仲以防①，求為後於魯，雖曰不要②君，吾不信也。」

【主旨】本章談論臧武仲要挾君主的事。

【註解】①防：地名，武仲之封邑。②要：要挾。

【釋文】

孔子說：「臧武仲據守他的封地防，要求魯國君立他的後代以為繼承；雖然人家說他不是要挾君上，我是不能相信的。」

章目（十六）

子曰：「晉文公①譎②而不正③，齊桓公④正而不譎。」

【主旨】本章談論春秋二霸晉文公與齊桓公的特色。

【註解】①晉文公：名重耳。②譎：詭詐。③正：行事依正義，不由詭道。④齊桓公：名小白。

【釋文】

孔子說：「晉文公行事詭詐而不依正義，齊桓公依正義而不詭詐。」

章目（十七）

　　子路曰：「桓公殺公子糾，召忽死之，管仲不死①。曰：未仁乎？」子曰：「桓公九合諸侯②，不以兵車③，管仲之力也。如④其仁！如其仁！」

【主旨】 本章稱讚管仲相齊桓公，以霸業尊王攘夷。

【註解】 ①桓公殺公子糾三句：齊襄公無道，鮑叔牙奉公子小白奔莒；管仲、召忽奉公子糾奔魯。及公子無知殺襄公，齊大夫雍廩又殺無知；而小白返齊，是為桓公。桓公即位，使魯殺糾，召忽死之管仲則未同死。後鮑叔牙推薦管仲，桓公以為相。②九合諸侯：謂多次主持諸侯盟會。九，言其多也。③不以兵車：言不假威力、武力。④如：相合。

【釋文】
　　子路問道：「齊桓公在爭君位時殺其兄齊公子糾，糾的輔佐大臣召忽自殺而死，另一個輔佐大臣管仲卻不肯死。這樣看來，管仲該不是有仁德的人吧？」孔子說：「齊桓公多次合會諸侯，不憑他的軍事威力來做到，完全是管仲的功勞。這是管仲另樹立的仁德，這就是管仲另樹立的仁德！」

章目（十八）

　　子貢曰：「管仲非仁者與？桓公殺公子糾，不能死，又相之。」子曰：「管仲相桓公，霸諸侯，一匡天下①，民到于今受其賜；微②管仲，吾其被髮左衽③矣！豈若匹夫匹婦④之為諒⑤也，自經⑥於溝瀆⑦，而莫之知⑧也！」

【主旨】本章亦稱讚管仲的功勞。

【註解】①一匡天下：言尊周室，攘夷狄，皆所以匡正天下之事。②微：無；沒有。③被髮左衽：披散頭髮，衣襟向左開，皆夷狄之俗。④匹夫匹婦：謂男女庶人。⑤諒：微小的信用。⑥自經：自殺。⑦溝瀆：田間水溝。⑧莫之知：言無人知曉。

【釋文】

　　子貢說：「管仲不是個仁人吧？齊桓公殺了他的兄弟公子糾，管仲是糾的太傅，沒有跟隨他一起死，後來竟還當上了齊桓公的宰相。」孔子說：「管仲輔佐桓公，稱霸於諸侯，建立制度，使中原各諸侯都一致遵行，老百姓一直到現在都因此得到安定的生活。如果少了管仲，我們現在大概都已淪亡在外來侵略者的手中，奉行異族文化了。管仲難道一定要跟一般人見識一樣，當時只管一死，在田間水溝裡自殺不為人知，而不求留下來做些更有意義的事嗎？」

章目（十九）

　　公叔文子①之臣大夫僎②，與文子同升諸公③。子聞之曰：「可以為文④矣！」

【主旨】本章談論衛大夫公孫拔的德業。

【註解】①公叔文子：衛大夫公孫拔。謚文。②僎：大夫僎，本為公孫拔之家臣。③升諸公：謂進於公朝為臣。④文：謚號為「文」。

【釋文】

　　公叔文子的家臣大夫僎，由公叔文子推薦而同升為衛國大夫。孔子聽到這事後，說：「這便可以夠格諡為文了！」

章目（二十）

　　子言衛靈公之無道也。康子曰：「夫如是，奚而不喪①？」孔子曰：「仲叔圉②治賓客，祝鮀治宗廟，王孫賈治軍旅，夫如是，奚其喪？」

【主旨】本章指治國以善用人才為重。

【註解】①奚而不喪：為何不失位。②仲叔圉：即孔文子，衛之賢臣。

【釋文】

　　孔子談到衛靈公的不依道理行事。季康子說：「既然這樣，他為什麼不會失君位呢？」孔子說：「他卻另有仲叔圉接待賓客，祝鮀治理祭祀，王孫賈統率軍隊。像這樣能善用人才來治國，他怎麼會喪失君位呢？」

章目（二十一）

　　子曰：「其言之不怍①，則為之也難！」

【主旨】本章批評為人不宜大言不慚。

【註解】①怍：慚愧。

【釋文】

孔子說：「一個人專說大話而不感到慚愧，那麼要他付諸實現就難了！」

章目（二十二）

陳成子①弒簡公②。孔子沐浴而朝③，告於哀公曰：「陳恆弒其君，請討之。」公曰：「告夫三子④。」孔子曰：「以吾從大夫之後，不敢不告⑤也！君曰：『告夫三子』者！」之三子告，不可。孔子曰：「以吾從大夫之後，不敢不告也！」

【主旨】本章說明孔子堅持處置違道之事。

【註解】①陳成子：齊大夫，名恆。②簡公：齊君，名壬。③沐浴而朝：是時孔子居魯，沐浴齋戒以告君，重其事。④三子：三家，時政在三大夫家，哀公不得自專。⑤不敢不告：言弒君之賊，法所必討，大夫謀國，義所當告。

【釋文】

齊國大夫陳成子弒齊簡公。孔子在家齋戒沐浴後去見魯哀公說：「陳恆弒了他的國君，請出兵討伐。」哀公推說：「你去與季孫、叔孫、孟孫三人商量吧。」孔子說：「因為我也擔任過大夫的官職，所以我不能不將這件事向國君報告，國君卻對我說：『你去告訴三家大夫吧！』」但孔子還是去向三人報告了，三人卻否決了他討伐的建議。孔子於是又說：「因為我也擔任過大夫的官職，依禮這事我不能不報告啊！」

章目（二十三）

子路問「事君」。子曰：「勿欺①也，而犯之②。」

【主旨】本章說明事君諫諍之道。

【註解】①欺：欺瞞。②犯之：指君有過，可據理犯顏諫諍。

【釋文】

子路問奉事國君之道。孔子說：「平時做事不要欺瞞君上，但必要進諫時可以據理犯顏諫諍。」

章目（二十四）

子曰：「君子上達①，小人下達②。」

【主旨】本章說明君子與小人所走的方向不同。

【註解】①上達：君子循天理，日進乎高明。②下達：小人重人欲，日趨乎汙下。

【釋文】

孔子說：「君子循天理，日求上進；小人追求私利，日趨墮落。」

章目（二十五）

子曰：「古之學者為己①，今之學者為人②。」

【主旨】本章說明古今學者所堅持的學習原則不同。

【註解】①為己：欲得之於己。②為人：欲見知於人。

【釋文】

　　孔子說：「古代的學者是為了修養充實自己而學習；而現在的學者是為了做給人看，以獲取名利而學習的。」

章目（二十六）

　　蘧伯玉①使人於孔子，孔子與之坐而問焉。曰：「夫子②何為？」對曰：「夫子欲寡其過而未能也。」使者出。子曰：「使乎！使乎！」

【主旨】本章讚美蘧伯玉及其使者處事拿捏之德。

【註解】①蘧伯玉：衛大夫，姓蘧，名瑗，字伯玉。②夫子：指蘧伯玉。

【釋文】

　　蘧伯玉派遣使者拜訪孔子，孔子和他一起坐下來談話。問道：「蘧夫子近來做些什麼？」使者回答道：「我家夫子一心想減少自己的過失，但還未能做到。」使者辦完事出去後，孔子說：「好一個有水準的使者呀，好一個有水準的使者呀！」

章目（二十七）

　　子曰：「不在其位，不謀其政。」

　　（本章重出，見〈泰伯〉篇第十四章。）

章目（二十八）

　　曾子曰：「君子思不出其位①。」

【主旨】本章強調君子不在其位不謀其政。

【註解】①君子思不出其位：《易經》〈艮卦〉之象辭。曾子加以引用。

【釋文】

　　曾子說：「君子所思慮的，不會超越他所處的身份地位和工作範圍。」

章目（二十九）

　　子曰：「君子恥其言而過其行。」

【主旨】本章強調君子言行相符。

【釋文】

　　孔子說：「君子以他說的話超過他行為能做到的標準為可恥。」

章目（三十）

　　子曰：「君子道者三，我無能焉。仁者不憂，知①者不惑，勇者不懼。」子貢曰：「夫子自道②也！」

【主旨】本章強調君子的美德有三。

【註解】①知：通「智」。②自道：自述。

【釋文】

孔子說：「君子有三種品德，我都未能做到。仁德的人不憂愁，智慧的人不糊塗，勇敢的人不怯懼。」子貢說：「這三種品德，正是老師的自述啊！」

章目（三十一）

子貢方人①。子曰：「賜也，賢乎哉？夫我則不暇！」

【主旨】本章提醒子貢勿隨便批評人。

【註解】①方人：評論他人的是非長短。

【釋文】

子貢喜歡批評人。孔子說：「賜啊，你自己是不是都自律完美得沒問題了呢？至於我，就沒時間去批評別人！」

章目（三十二）

子曰：「不患人之不己知，患其不能也。」

【主旨】本章說明人以要求自勵自重為主，不必太在意他人看法。

【釋文】

孔子說：「不在乎別人不知道自己，但擔心自己沒有真才實學。」

章目（三十三）

子曰：「不逆詐①，不億②不信，抑③亦先覺者，是賢乎！」

【主旨】本章認為與人交接時，不可隨意就先預料別人會詐欺或失信。

【註解】①逆詐：處事時先就傾向預料別人會欺詐我。逆，預料。②億：臆測。③抑：但是。

【釋文】

孔子說：「不事先預料別人會欺詐，不隨便揣度別人會失信；但是若遇到詐騙或不守信的事，卻能早先發覺，這樣的人是一位賢者吧！」

章目（三十四）

微生畝①謂孔子曰：「丘，何為是栖栖②者與？無乃③為佞④乎？」孔子曰：「非敢為佞也，疾固⑤也。」

【主旨】本章記述孔子難以認同不講理的人。

【註解】①微生畝：姓微生名畝。可能是一隱士。②栖栖：不安的樣子。③無乃：莫非是。④為佞：憑藉口才來取悅人。⑤疾固：言厭惡頑固者。

【釋文】

微生畝對孔子說：「孔丘啊，你為什麼老是這樣忙忙碌碌不安寧的樣子呢？莫不是要耍口才討好世人嗎？」孔子說：「我不敢想憑口才取悅於人，只是難以認同那些頑固不講理的人。」

章目（三十五）

子曰：「驥不稱其力，稱其德也。」

【主旨】本章批評凡事喜歡以一時的勇力取勝，而不著重長期品德修養的人。

【釋文】

孔子說：「千里馬重要的並不是說牠的腳力好，日行千里；而是說牠的德性馴良持久。」

章目（三十六）

或曰：「以德①報怨，何如？」子曰：「何以報德？以直②報怨，以德報德。」

【主旨】本章提出合理酬報恩怨的原則。

【註解】①德：恩惠。②直：正直，至公無私。

【釋文】

有人問道：「以恩惠去回報所受的怨恨，這樣做如何

呢？」孔子說：「那要用什麼去回報對你有恩德的人呢？應該以正直回報怨恨，而以恩德來回報恩德。」

章目（三十七）

子曰：「莫我知也夫！」子貢曰：「何為其莫知子也？」子曰：「不怨天，不尤人①，下學而上達②；知我者，其天乎！」

【主旨】本章孔子自述其志為順天理。

【註解】①不怨天不尤人：言己不用於世，而不怨恨天；人不知己，亦不責怪人。②下學而上達：下學人事而上達天理。

【釋文】

孔子說：「真是沒有人能瞭解我呀！」子貢說：「為什麼沒有人瞭解老師呢？」孔子說：「我既不怨恨天，也不責怪人，只是從基本修身上去學習，日求上進；然後求能達到順應天理。能瞭解我的，只有老天吧！」

章目（三十八）

公伯寮①愬②子路於季孫，子服景伯③以告曰：「夫子④固有惑志於公伯寮，吾力猶能肆諸市朝。」子曰：「道之將行也與？命也！道之將廢也與？命也！公伯寮其如命何？」

【主旨】本章說明正道的推行，皆有天命的因素存在。

【註解】①公伯寮：姓公伯，名寮。魯國人。②愬：說壞話。③子服景伯：魯國大夫。④夫子：指季孫。

【釋文】

　　公伯寮在季孫面前說子路的壞話。子服景伯聽到了把這事告訴孔子說：「季孫對公伯寮的話半信半疑。但我還有能力使季孫明白真相，而把公伯寮殺掉，陳屍於市街上。」孔子說：「子路所做的應都是正當的事理。道如能夠行於世，這是天意；道如不能行於世，這也是天意。公伯寮雖進譖言，說壞話，又能對天意怎樣呢？」

章目（三十九）

　　子曰：「賢者辟世①，其次辟地②，其次辟色③，其次辟言④。」

【主旨】本章說明自古賢者所以隱退的方式原則。

【註解】①辟世：言天下無道而隱。辟，避也。②辟地：國家混亂而去。③辟色：禮貌衰退而去。④辟言：難聽的話出現而去。

【釋文】

　　孔子說：「有才德的人看見天下無道，就避開污濁的社會而隱居；其次，避開一個混亂的地方到另一地方去；再其次，看到別人態度無禮而避去；又其次，如聽到有對己污蔑的閒話惡言時離去。」

章目（四十）

子曰：「作者七人矣。」

【主旨】本章連同上章說明自古因故隱退者，已有七人之多。

【釋文】

孔子說：「賢人避世而隱居去的，已有七個人了。」

章目（四十一）

子路宿於石門①。晨門②曰：「奚自③？」子路曰：「自孔氏。」曰：「是知其不可而為之者與？」

【主旨】本章記述孔子名聲已傳開，守門者亦為孔子「知其不可而為之」的精神所感動。

【註解】①石門：地名。②晨門：掌早晨開啟城門者。③奚自：從何而來。

【釋文】

子路在石門城外留宿一晚。第二天一早進城，早班守門的人問：「你從何處而來的？」子路說：「我從孔家來。」守門的人說：「你說的就是明知不可能做到，而又堅持非要去做的那個人嗎？」

章目（四十二）

子擊磬①於衛。有荷蕢②而過孔氏之門者，曰：「有心

哉，擊磬乎！」既而曰：「鄙哉，硜硜乎③！莫己知也，斯
已而已矣！『深則厲，淺則揭④。』」子曰：「果哉！末之難
矣⑤！」

【主旨】本章記述荷蕢隱者對孔子的評語。

【註解】①磬：石製樂器。②荷蕢：言挑著草器者。亦隱士。
③鄙哉，硜硜乎：硜硜乎，石聲堅實之意，亦指不合時，故
曰鄙哉。④深則厲淺則揭：《詩經》〈邶風・匏有苦葉〉之
句。言遇深水，則當以衣涉水。遇淺水，則攝衣涉水。謂應
適深淺之宜。厲，不脫衣而涉水。揭，撩起衣裳涉水。⑤果
哉末之難矣：歎其果決忘世：如此，則亦無所非難矣。

【釋文】

　　孔子在衛國，一天正在敲打著石製的樂器。有一個挑草
筐子的人，從孔子的門口走過，他說：「真有救世的誠心
啊，那個擊磬的人！」聽了一會，又說：「不太高明啊，從
他硜硜然堅實的磬聲聽得出來，他的心志是那樣固執，世人
既然不賞識你，就算了吧！《詩經》上不是說：『遇到事情
根本沒有彈性，像溪水太深時，便只有放棄猶豫，果決和衣
涉水過去。只有遇到溪水較淺，事情尚有處理的餘地時，才
會斟酌撩起衣裳，再涉水過去，以求盡量保持乾燥的可能
啊。』人處世也是一樣，要適應當下時宜才好。」孔子說：
「這人已果決地把世事忘得一乾二淨，我對他的話也沒有意
見了。」

章目（四十三）

子張曰：「《書》云：『高宗諒陰，三年不言①』何謂也？」子曰：「何必高宗？古之人皆然。君薨②，百官總己③以聽於冢宰④，三年。」

【主旨】本章記述天子諸侯居喪之禮。

【註解】①高宗諒陰三年不言，見《尚書》〈無逸〉篇，然文句稍有出入。言武丁居喪，三年不施政令。高宗，商王武丁。諒陰，天子居喪所住之房屋。②薨：死亡。③總己：總攝己職。④冢宰：太宰。

【釋文】

子張說：「《尚書》上說：『商代高宗居喪，住在守喪處，三年不談國家政事。』這是什麼意思？」孔子說：「不僅僅高宗，古代的人都是這個規矩。國君死了，繼承的君王不過問政事，朝廷百官在這期間大家各守自己的職務，聽從太宰的命令，共三年之久。」

章目（四十四）

子曰：「上好禮，則民易使也。」

【主旨】本章說明上位者好禮，民眾也就容易接受指揮。

【釋文】

孔子說：「在上位的人能夠事事遵照禮節規矩去做，那麼民眾也就依樣容易聽從領導差使了。」

章目（四十五）

　　子路問「君子」。子曰：「修己以敬①。」曰：「如斯而已乎？」曰：「修己以安人②。」曰：「如斯而已乎？」曰：「修己以安百姓。修己以安百姓，堯舜其猶病③諸！」

【主旨】本章說明君子之道，在求修己安人。

【註解】①修己以敬：即修身以禮節恭敬。②安人：使人生活安樂。③病：難為也。

【釋文】

　　子路問怎樣才算君子。孔子說：「以敬謹的態度來修養自己。」子路又問：「這樣就夠了嗎？」孔子說：「修養自己之後，進而也就可以開始幫助別人生活安樂。」子路又問：「這樣就夠了嗎？」孔子說：「修養自己，再進一步使所有百姓生活都得到滿足安樂。這種從修養自己，而達到使所有百姓都得到滿足安樂的事，連堯舜都怕還不能完全做到呢！」

章目（四十六）

　　原壤①夷俟②。子曰：「幼而不孫弟，長而無述焉，老而不死，是為賊。」以杖叩其脛。

【主旨】本章記孔子責備原壤失禮。

【註解】①原壤：孔子的朋友。②夷俟：夷，低身蹲在地上。俟，等候。

【釋文】

　　原壤兩腿張開像簸箕般坐著，在等待孔子。孔子說：「你小的時候就不曉得謙遜待人，敬重尊長，長大後，又沒有什麼可值得稱道的；這一大把年紀還活著消耗糧食，你真等於是一個戕賊倫常風俗的害群之馬啊。」說完，就用拐杖敲敲他的小腿。

章目（四十七）

　　闕黨①童子②將命③。或問之曰：「益④者與？」子曰：「吾見其居於位⑤也，見其與先生並行也；非求益者也，欲速成者也。」

【主旨】本章記闕黨童子不知禮讓長者。

【註解】①闕黨：鄉里名。②童子：未冠者。③將命：傳賓主之言。④益：求進益。⑤居於位：古禮，童子當旁坐隨行。此童子不知禮讓。

【釋文】

　　闕黨地方的一個童子來向孔子傳達信息。有人問道：「他來見你，這樣對童子在學問上有進益嗎？」孔子說：「我看他坐在成年人的位子上，和他的長輩並肩地走，那童子並不是想在學問上求長進，而只是想快點變成一個成人，而不遵行童子之禮的人。」

篇目　衛靈公第十五

　　本篇記錄孔子和弟子在周遊列國以及其他時間，關於弘道、修德、治國方面的言論。強調弘道重在實踐，而不是一種心想便可事成的行為。另外孔子在本篇以「有教無類」來確立教育是一種基本人權的觀念。

章目（一）

　　衛靈公問陳①於孔子，孔子對曰：「俎豆②之事，則嘗聞之矣；軍旅③之事，未之學也。」明日遂行。在陳絕糧，從者病，莫能興④。子路慍見曰：「君子亦有窮乎？」子曰：「君子固⑤窮，小人窮斯濫⑥矣。」

【主旨】本章記述孔子去衛適陳，在陳國受困的經過。

【註解】①陳：同「陣」。謂行軍佈陣的方法。②俎豆：置放祭品之禮器。③軍旅：猶言軍隊，此指出兵作戰。④興：起也。⑤固：本來，原來。⑥濫：泛濫，言行為放肆，如水泛濫。

【釋文】
　　衛靈公問孔子關於軍隊行軍佈陣的方法。孔子回答道：「關於禮儀的事，我曾經聽過；關於軍隊作戰的事，我卻沒學過。」第二天，孔子便離開衛國。走到陳國時，糧食都已吃光，跟隨的弟子們都餓病了，爬不起床來。子路心裡很感

不平，來見孔子說：「君子也會窮困成這樣嗎？」孔子說：「君子本來就常有窮困的時候，已經習慣了；但小人窮困時，就會不守分寸亂來。」

章目（二）

　　子曰：「賜①也，女以予為多學而識②之者與③？」對曰：「然，非與？」曰：「非也，予一以貫之④。」

【主旨】本章說明孔學「仁德」的最高基本觀念就是「恕道」。（本章應與本篇第二十三章，以及〈里仁第四‧十五〉一起來看）。

【註解】①賜：子貢名。②識：記也，言記之於心。③與：同「歟」。疑問語助詞。④一以貫之：言學雖博，皆可以一個基本觀念來加以貫通。意即指「己所不欲，勿施於人」的「恕」道。

【釋文】
　　孔子說：「賜啊！你以為我是個博學而強記的人嗎？」子貢回答：「正是，難道不是嗎？」孔子說：「不是的，我只是用一個『己所不欲，勿施於人』的恕道基本原則做為綱領，將所學的貫通起來而已。」

章目（三）

　　子曰：「由，知德者鮮矣！」

【主旨】本章指真能懂道德義理的人難得。

【釋文】

　　孔子說：「仲由啊，能真懂得道德義理的人，太少了！」

章目（四）

　　子曰：「無為而治①者，其舜也與②！夫何為哉？恭己正南面③而已矣。」

【主旨】本章讚美虞舜以盛德無為而治。

【註解】①無為而治：聖人德盛而民自化，不必特別有所作為。②與：語助詞，表感歎。③恭己正南面：恭以自守，任官得人，正南面向而治也。

【釋文】

　　孔子說：「能夠實行無為而治成功的，只有舜吧！他做些什麼事呢？不過恭敬自守，端正地坐在朝向南方的天子位上，樹立典範，以教化來使人民安居樂業而已。

章目（五）

　　子張問「行」。子曰：「言忠信，行篤敬，雖蠻貊之邦①行矣。言不忠信，行不篤敬，雖州里②行乎哉？立，則見其參③於前也，在輿④，則見其倚於衡⑤也。夫然後行！」子張書諸紳⑥。

【主旨】本章說明應常留心的行為原則。

【註解】①蠻貊之邦：南蠻北貊，皆異族之邦。②州里：猶言鄉里。③參：高出空中。④輿；車也。⑤衡：車前橫木。⑥書諸紳：言將孔子之言，書記於衣帶上。紳，衣之大帶。

【釋文】

　　子張問怎樣做才可以使自己處世做事行得通。孔子說：「說話忠信誠實，做事篤敬謹慎，雖是在陌生的野蠻的國家也行得通。說話不忠信誠實，做事不篤敬謹慎，雖是在自己的鄉里間行得通嗎？站著時，就好像忠信篤敬也一起站在你前面一樣；在車上，就好像忠信篤敬也靠在車前橫木相陪伴一樣。能夠這樣，自然到處行得通了。」子張把孔子的話，立刻記在衣帶上，隨時提醒自己。

章目（六）

　　子曰：「直哉史魚①！邦有道，如矢②；邦無道，如矢。君子哉蘧伯玉！邦有道，則仕；邦無道，則可卷而懷之③。」

【主旨】本章讚美衛國二大夫。

【註解】①史魚：衛大夫，姓史，名鰌，字子魚。②如矢：言其像箭一樣正直。③可卷而懷之：言可收而藏之。

【釋文】

　　孔子說：「史魚真是夠正直，在國家政治清明時，他的言行像箭般正直不偏倚；在國家政治黑暗時，他的言行也像箭般正直不偏倚。蘧伯玉也真是個君子呀！在政治清明時，便出來做官；在政治黑暗時，便把自己的才能收藏起來隱退。」

章目（七）

子曰：「可與言，而不與之言，失人；不可與言，而與之言，失言。知者不失人，亦不失言。」

【主旨】本章說明智者不易失人或失言。

【釋文】

孔子說：「可以和他談話卻不和他談，便是疏忽了值得交談的人。不可以和他談話而和他談了，便是說了廢話。聰明的人既不會疏忽值得交談的人，也不會說廢話。」

章目（八）

子曰：「志士①仁人②，無求生以害仁，有殺身以成仁③。」

【主旨】本章說明志士仁人，必要時不惜殺身成仁。

【註解】①志士：有志之士。②仁人：有仁心之人。③殺身以成仁：為仁德而犧牲生命。

【釋文】

孔子說：「有志於堅持正道之士及具有仁心的人，不會為了保全自己的生命而做傷害仁德的事。只有犧牲生命而來成全仁德的事。」

章目（九）

　　子貢問為仁。子曰：「工欲善其事，必先利其器①。居是邦也，事其大夫之賢者，友其士之仁者。」

【主旨】本章說明為人必須盡力以赴。

【註解】①利其器：使工具銳利管用。

【釋文】

　　子貢問怎樣做才能符合行仁德的要求。孔子說：「一個工匠要想做好他的工作，必先準備好使他的工具銳利管用。所以居住在一個國家，必先奉事這國家中有賢才的大夫，結交這個國家中有仁德的士人，先學好仁德的一般觀念標準，再談為仁。」

章目（十）

　　顏淵問為邦①。子曰：「行夏之時②，乘殷之輅③，服周之冕④，樂則〈韶舞〉⑤，放鄭聲⑥，遠佞人⑦；鄭聲淫，佞人殆。」

【主旨】本章說明治國的一些可取法或自我警惕的前朝範例。

【註解】①為邦：治邦國之道。②行夏之時：行夏代所訂的曆法。即至今沿用之農曆。③輅：木車之大者，樸素渾堅。④冕：祭服之冠。⑤韶舞：虞舜時的音樂，樂與舞合一的音樂。⑥放鄭聲：禁絕鄭國的樂曲。⑦佞人：口才好，善於搬弄是非的人。

【釋文】

顏淵問怎樣去治理國家。孔子說：「用夏代的曆法，乘商代的車子，戴周代的禮帽，音樂取法舜時的樂舞。禁用鄭國的樂曲，遠離奸詐的小人。鄭國的樂曲，靡曼放蕩，小人是非多。」

章目（十一）

子曰：「人無遠慮①，必有近憂②。」

【主旨】本章警戒人處事必須要先有久遠的事前計劃謀慮。

【註解】①遠慮：事先長遠的計劃謀慮。②近憂：眼前的憂患。

【釋文】

孔子說：「一個人工作如果沒有事先做好長遠的計劃謀慮，那麼近在眼前的憂患就會先開始來了。」

章目（十二）

子曰：「已矣乎！吾未見好德如好色者也！」
（本章重出，見〈子罕〉篇第十七章。）

章目（十三）

子曰：「臧文仲，其竊位①者與！知柳下惠②之賢，而不與立③也。」

【主旨】本章勉勵做事應能多舉賢。

【註解】①竊位：言不稱其位，如盜得而盤據之。②柳下惠：魯國大夫。姓展，名獲，字禽。食邑柳下，諡為惠。③與立：謂與之並立於朝。

【釋文】

孔子說：「臧文仲這個人，大概是個只知作官而不做事，有愧職守的人吧！他明明知道柳下惠的賢能，卻不肯推薦他和他同朝共理國事。」

章目（十四）

子曰：「躬自厚①，而薄責於人②，則遠怨矣！」

【主旨】本章說明修身應嚴於責己，而寬於待人。

【註解】①躬自厚：嚴於自律。②薄責於人：寬於責人。

【釋文】

孔子說：「嚴格地要求自己把事做好，對別人的過錯卻只輕微地指責；這樣別人就不容易對你滋生怨恨了！」

章目（十五）

子曰：「不曰：『如之何，如之何①』者，吾末②如之何也已矣！」

【主旨】本章警戒人處事勿一意妄行。

【註解】①如之何如之何：言多思考而審處之辭。②末：無有。

【釋文】

　　孔子說：「如果一個人做事前不先作自我審慎考量：『這事要怎麼辦，怎麼辦』。對這種人，我不知道該怎麼幫他了！」

章目（十六）

　　子曰：「群居①終日，言不及義，好行小慧②，難矣哉！」

【主旨】本章說明人與人交往要講義氣。

【註解】①群居：群處也。②小慧：小聰明。

【釋文】

　　孔子說：「大夥兒整天混在一起，說東說西沒有一句正經話，又喜歡耍小聰明，這種人真難有所成就了！」

章目（十七）

　　子曰：「君子義以為質①，禮以行之，孫②以出之，信以成之，君子哉！」

【主旨】本章說明君子之道的基礎就是義。

【註解】①質：本質、根本。②孫：同「遜」，謙遜。

【釋文】

　　孔子說：「君子為人處事，以合乎義理的觀念，作為基本原則，用合乎禮節的慎重方式去實踐它，用謙遜的言語表達有關訴求意願，再用信實真誠的態度來完成它。這樣，真是個君子人了！」

章目（十八）

　　子曰：「君子病①無能焉，不病人之不己知也。」

【主旨】 本章強調君子不求出大名，只求盡到做人的責任。

【註解】 ①病：擔心、憂慮。

【釋文】

　　孔子說：「君子只擔心自己才能不足，而不擔心別人不知道自己的才能。」

章目（十九）

　　子曰：「君子疾①沒世②而名不稱焉。」

【主旨】 本章強調要成為君子，就要做君子之事。

【註解】 ①疾：害怕。②沒世：指身歿以後。

【釋文】

　　孔子說：「君子深怕身死後，自己的名聲不受人肯定。」

章目（二十）

子曰：「君子求①諸②己，小人求諸人。」

【主旨】本章強調君子重於責己，小人重於責人。

【註解】①求：要求。②諸：在於。

【釋文】

孔子說：「君子要求自己做好，小人則不論真假，只要求別人稱讚自己做得好。」

章目（二十一）

子曰：「君子矜①而不爭，群而不黨②。」

【主旨】本章指出君子喜歡與人和諧相處，但不喜歡結黨營私。

【註解】①矜：莊重以持己。②不黨：不結黨。

【釋文】

孔子說：「君子莊敬自守，凡事有立場，但不隨便與人發生爭執。喜歡與人和諧相處，但不以結黨謀營私利為目的。」

章目（二十二）

子曰：「君子不以言舉人，不以人廢言。」

【主旨】本章強調君子用人多考慮其日常表現。

【釋文】

　　孔子說：「君子不因為一個人的話說得好，便貿然舉薦他擔任某項職務。也不因為一個人的身份低下，而輕視他說的話。」

章目（二十三）

　　子貢問曰：「有一言①而可以終身行之者乎？」子曰：「其恕②乎！己所不欲，勿施於人。」

【主旨】本章強調恕道是一項可終生奉行的指標。

【註解】①一言：一個字。②恕：言推己及人之心。

【釋文】

　　子貢問道：「有以一個字，就足以表達出我們做人做事終身奉行原則的可能嗎？」孔子說：「大概可以用這個『恕』字吧！它的意義就是『你自己不想別人怎樣對待你，你就不要那樣對待人。』」

章目（二十四）

　　子曰：「吾之於人也，誰毀誰譽①？如有所譽者，其有所試②矣。斯民③也，三代④之所以直道⑤而行也。」

【主旨】本章強調正直是一項通常評論人的標準。

【註解】①誰毀誰譽：毀者，稱人之惡而損其真。譽者，揚人之善而過其實。②其有所試：試，試之以驗證。③斯民：目前的人民。④三代：夏、商、周。⑤直道：正直之道。

【釋文】

　　孔子說：「我對於任何人，毀謗過那一個，讚譽過那一個呢？如果有被我稱讚的人，那必定經我考驗證實過他的行為。現在的這些人民，都是經過夏、商、周三代依循用正直之道教養下來的，我怎能不慎重說話呀！」

章目（二十五）

　　子曰：「吾猶及史之闕文①也。有馬者，借人乘之，今亡矣夫！」

【主旨】本章批評時人不及古人對文史及德行的負責態度。

【註解】①史之闕文：言古之良史於記事，有疑則缺之，以待能者。

【釋文】

　　孔子說：「我曾看過舊時史官記事，遇有疑難的，寧可空著不寫；有馬的人家，很願意把馬借給別人騎；但保有這種涵養的人，今天已看不到了。」

章目（二十六）

　　子曰：「巧言亂德①。小不忍②，則亂大謀③。」

【主旨】本章戒人不可亂說話，凡事要忍讓。

【註解】①巧言亂德：花言巧語，聽之使人喪失操守。②小不忍：指小事不能忍耐。③大謀：猶言大事。

【釋文】

　　孔子說：「多聽或多說花言巧語，是容易會使人失掉原來良好德性的。小事不能忍耐，是容易敗壞成就大事之機會的。」

章目（二十七）

　　子曰：「眾惡之，必察焉；眾好之，必察焉。」

【主旨】本章強調知人之事要多觀察。

【釋文】

　　孔子說：「大家所討厭的人，必定還要細加考察，再判定；大家所喜愛的人，也必定還要細加考察，再判定。」

章目（二十八）

　　子曰：「人能弘①道②，非道弘人。」

【主旨】本章強調人可以用心來實踐真理，真理卻不可能主動就來充實人生。

【註解】①弘：發揚。②道：所追求的真理。

【釋文】

　　孔子說：「真理重在實踐，只要有心，人人都可以立志追求真理，並使之更發揚光大。但真理卻不可能主動對任何一個人，來使其人生無條件得以充實。」

章目（二十九）

　　子曰：「過而不改，是謂過矣！」

【主旨】本章強調人要知過能改。

【釋文】

　　孔子說：「犯了過錯而又頑固不肯改正，那才是真正永存的過錯！」

章目（三十）

　　子曰：「吾嘗終日不食，終夜不寢，以思。無益，不如學也。」

【主旨】本章強調為學不能只顧空想，而要努力做實質的學習追求。

【釋文】

　　孔子說：「我曾經整天不吃飯，整夜晚不睡覺，要求自己獨自思考來解決問題；可是沒有益處。倒不如先務實去學習一些有關解決該項問題的知識，再用來解決問題較好。」

章目（三十一）

子曰：「君子謀①道不謀食。耕也，餒在其中②矣；學也，祿在其中矣。君子憂道不憂貧。」

【主旨】本章敘述為學，志在求道，而不以個人的謀祿食，去貧困為憂。

【註解】①謀：謀求。②餒在其中：言耕所以謀食，而遇水旱災亦未必得食。餒，餓也。

【釋文】

孔子說：「君子所謀求的是道，而不在謀求個人的衣食。耕田，有時也難免要挨餓；學習有所成，就有獲得俸祿，解決衣食問題的機會。君子所憂愁的在正道的不能推行，不憂愁貧困不得衣食。」

章目（三十二）

子曰：「知及之①，仁不能守之，雖得之，必失之。知及之，仁能守之，不莊以涖②之，則民不敬。知及之，仁能守之，莊以涖之，動之不以禮，未善也。」

【主旨】本章敘述一個有志氣者，領導人民的要則。

【註解】①知及之：言才智足以治國。②莊以涖之：言以莊重臨民。

【釋文】

孔子說：「一個在位者才智足以治理國事，如果他的仁德不能配合保持它，雖然得到職位，仍必然會喪失掉的。又才智足以治理國事，仁德也能保持它，如果他不能以莊重的態度治理民眾，民眾也不會對他尊重配合。才智足以治理國事，仁德也能保持它，又能以莊重的態度治理民眾，如果他的施政實踐，缺乏一貫的禮節制度，也不能算是完善啊。」

章目（三十三）

子曰：「君子不可小知①，而可大受②也。小人不可大受，而可小知也。」

【主旨】本章敘述君子與小人的分別，需要長期以為觀察。

【註解】①不可小知：言君子細事未必可觀。小知，指經由一事之能而見知於人。②大受：言才德足以擔當重任。

【釋文】

孔子說：「君子不見得能在短期小事上受人賞識，但他可以接受長期重大的任務。小人不能接受重大的任務，但在小事上卻又往往較容易受人賞識。」

章目（三十四）

子曰：「民之於仁也，甚於水火。水火，吾見蹈①而死者矣，未見蹈仁而死者也。」

【主旨】本章說明行仁絕不會有壞處。

【註解】①蹈：接觸、實踐。

【釋文】

　　孔子說：「一般人對於仁道的需要，比每天使用的水火還重要。水火，我見過有人為了接觸它而犧牲生命，但還沒有見過有人為了實踐仁道而死的。」

章目（三十五）

　　子曰：「當仁不讓於師。」

【主旨】本章勉勵人要力爭行仁。

【釋文】

　　孔子說：「如遇需要行仁的事，雖對師長，也不必謙讓，能做就馬上做。」

章目（三十六）

　　子曰：「君子貞而不諒①。」

【主旨】本章說明君子重正道而輕小節。

【註解】①貞而不諒：貞，正也。不諒，不固執。

【釋文】

　　孔子說：「君子一定要固守正道，但有時可不拘泥於小節。」

章目（三十七）

子曰：「事君敬其事而後其食。」

【主旨】本章說明臣事君的原則。

【釋文】

孔子說：「事奉君主必須要盡心竭力地把份內的工作做好，把拿俸祿的事放在後頭才對。」

章目（三十八）

子曰：「有教無類①。」

【主旨】本章說明任何人的受教育機會都是均等。

【註解】①類：類別，階級。

【釋文】

孔子說：「受教育是基本人權，不分種族、貴賤、賢愚等社會階級不同，機會均等。」

章目（三十九）

子曰：「道不同①，不相為謀。」

【主旨】本章說明人的理想意見不同，就不易互相溝通處事。

【註解】①道不同：指彼此志趣行為不一樣。

【釋文】

孔子說:「各人的理念、志趣如果不同,那便很難在一起互相商量考慮做好同一件事。」

章目(四十)

子曰:「辭①,達②而已矣!」

【主旨】本章說明文辭使用,首要以達意為重。

【註解】①辭:指語言文辭。②達:通順,到達。

【釋文】

孔子說:「一個人使用語言文辭,先求能通順表達完整的意義最重要。」

章目(四十一)

師冕①見。及階,子曰:「階也。」及席②,子曰:「席也。」皆坐,子告之曰:「某在斯③,某在斯。」師冕出,子張問曰:「與師言之道與?」子曰:「然,固相④師之道也。」

【主旨】本章敘述孔子扶助盲者樂官的誠惻之情。

【註解】①師冕:師,樂師,古樂師皆盲者。冕,樂師名。②席:坐位。③某在斯:言歷舉在坐之人以告之。④相:相助。

【釋文】

　　師冕來見孔子。走到臺階前，孔子說：「這裡是臺階。」走到坐位前，孔子說：「這裡是坐位。」大家坐定後，孔子一一告訴他說：「某人在這兒，某人在那兒。」師冕出去後，子張問道：「這就是跟樂師談話的方式嗎？」孔子說：「對的，這就是盡心盡力扶助引導失明樂師的方式。」

篇目　季氏第十六

　　本篇記錄孔子論治國應重禮法規矩。而且當政者要有深謀遠慮的能力。這些也都是屬於成為一個君子的特色。

章目（一）

　　季氏將伐顓臾①。冉有、季路見於孔子曰：「季氏將有事於顓臾。」孔子曰：「求，無乃爾是過與？夫顓臾，昔者先王以為東蒙主②，且在邦域之中矣，是社稷之臣③也，何以伐為？」冉有曰：「夫子欲之；吾二臣者，皆不欲也。」孔子曰：「求，周任④有言曰：『陳力就列⑤，不能者止。』危而不持，顛而不扶，則將焉用彼相⑥矣？且爾言過矣！虎兕⑦出於柙⑧，龜玉毀於櫝⑨中，是誰之過與？」冉有曰：「今夫顓臾，固而近於費⑩；今不取，後世必為子孫憂。」孔子曰：「求，君子疾夫舍曰欲之，而必為之辭。丘也，聞有國有家者，不患寡而患不均，不患貧而患不安。蓋均無貧，和無寡，安無傾。夫如是，故遠人不服，則修文德以來之。既來之，則安之。今由與求也，相夫子，遠人不服而不能來也；邦分崩離析，而不能守也；而謀動干戈於邦內。吾恐季孫之憂，不在顓臾，而在蕭牆⑪之內也！」

【主旨】本章批評魯卿季氏恣意征伐。

【註解】①顓臾：國名，魯之附庸國。②東蒙主：蒙，山名，在魯東，故曰東蒙。言先王封顓臾於此山之下，使主其祭。

③社稷之臣：即今所謂國家之重要臣屬。④周任：古之良史。
⑤陳力就列：只當盡陳其才力，度己所能以任事。⑥相：扶
導盲者之人。⑦兕：野牛。⑧柙：柵欄。⑨櫝：匣也。⑩
費：地名，季氏之私邑。⑪蕭牆：國君的屏風。蕭，肅也。
牆，屏也。君臣相見之禮，至屏而加肅敬，故曰蕭牆。

【釋文】

　　季氏準備去討伐附庸國顓臾。冉有和子路來見孔子，
說：「季氏準備出兵討伐顓臾。」孔子說：「冉求啊，這豈不
是你的過失嗎？那顓臾，從前我們的先王封它為東蒙山的主
祭，而且在魯國的境內，也是魯國的重要臣屬，為何還要討
伐它呢？」冉有說：「這是季孫想要這樣做，我們兩個家臣
都不贊成的。」孔子說：「冉求啊！從前史官周任說過：『一
個官員要盡力做好份內的事，如果不能盡心力時，便當辭去
該職位。』譬如扶導盲人，到了危險的地方不拉住他，快跌
倒了不扶住他，那又何必要這扶導盲人的人呢？況且你說的
話根本只是推卸責任！好比老虎野牛從柵欄裡跑掉，龜甲和
玉器在匣子裡毀壞了，這不是管理的人失職，又是誰的過失
呢？」冉有說：「如今的顓臾，城池堅固，又靠近季氏的私
邑費；現在不攻取，後代必定成為子孫們鬥爭的禍害。」孔
子說：「冉求啊！君子最討厭的，就是不提自己的貪慾，而
還要為自己說些推卸責任的話。我聽說，一個諸侯的國，或
卿、大夫的家，不擔心財富少，只擔心財富不能平均，不在
意民戶稀落，只在意上下不能相安。因為財富平均，就無所
謂貧窮；上下和諧相處不孤獨，就不會覺得民戶稀落；境內
安定，就不會互相傾軋。能這樣，遠方的人如還不悅服，便

整頓禮樂文教來招撫他們。他們既然來了,更要妥善安頓他們。現在仲由和冉求,你們兩人輔佐季氏,遠方的人不歸服,卻不能招撫;國家分裂,也不能保持完整;反而想要在國內發動戰爭。我恐怕季孫的問題,並不真正發生在顓臾那邊,而是發生在自己國君的屏風之內啊!」

章目（二）

孔子曰:「天下有道,則禮樂征伐自天子出;天下無道,則禮樂征伐自諸侯出。自諸侯出,蓋十世希①不失矣;自大夫出,五世希不失矣。陪臣②執國命,三世希不失矣。天下有道,則政不在大夫③。天下有道,則庶人不議④。」

【主旨】本章討論天下有道或無道時的態勢。

【註解】①希:少也。②陪臣:家臣。③政不在大夫:言大夫不得專政。④不議:沒有閒話私議。

【釋文】
孔子說:「天下太平政治安定的時候,制禮作樂、出兵征伐這些重要事項都由天子決定;天下混亂的時候,制禮作樂、出兵征伐就由諸侯決定。由諸侯決定,那麼這個國家大概能傳十代,很少有不亡的;由大夫決定,那麼這個國家大概能傳五代,很少有不亡的。如果大夫的家臣把持國家的政權,那麼這個國家大概傳三代,很少有不亡的。天下太平的時候,國家的政權不會落在大夫的手裡。政治安定的時候,民眾也不會對政治指指點點了。」

章目（三）

孔子曰：「祿之去公室①，五世②矣。政逮於大夫，四世③矣。故夫三桓④之子孫，微矣。」

【主旨】本章指魯國公室衰落，政權落在大夫手裡。

【註解】①公室：指魯國朝廷，也指魯君而言。②五世：指魯國君宣、成、襄、昭、定五公。③四世：指魯國執政權臣、季孫氏文子、武子、平子、桓子四代。④三桓：指魯國仲孫、叔孫、季孫，三大家族皆出於桓公。三家至定公時皆衰。

【釋文】
孔子說：「爵祿賞罰的大權旁落，不從君主裁決，至魯定公已有五代了。政權落到季孫氏大夫的手裡，已有四代了。桓公的三房子孫：仲孫、叔孫、季孫，因一直互相爭權，目前也衰微了。」

章目（四）

孔子曰：「益者三友，損者三友。友直，友諒①，友多聞，益矣；友便辟②，友善柔③，友便佞④，損矣。」

【主旨】本章說明擇友要慎重。

【註解】①諒：講誠信。②便辟：慣於逢迎。③善柔：個性懦弱。④便佞：謂精於口辯而內容空洞。

【釋文】

孔子說：「有益的朋友有三種，有害的朋友也有三種。和正直的人結交，和講誠信的人結交，和博學多聞的人結交，便有益了；和慣於逢迎的人結交，和個性懦弱善變的人結交，和精於口辯而內容空洞的人結交，便有害了。」

章目（五）

孔子曰：「益者三樂，損者三樂。樂節禮樂①，樂道人之善，樂多賢友，益矣。樂驕樂②，樂佚遊③，樂宴樂④，損矣。」

【主旨】本章說明人心的愛好樂趣有益有損，人當謹慎做選擇。

【註解】①節禮樂：謂凡所動作，皆得禮樂之節也。②驕樂：以行為放肆驕慢為樂。③佚遊：閒散遊蕩。④宴樂：宴飲奢侈之樂。

【釋文】

孔子說：「使人受益的有三種愛好，使人受損的也有三種愛好。愛好行事以禮樂為節度，愛好稱道人的好處，愛好多交接有賢德的朋友，都可以使人受益。愛好行為驕慢，愛好閒散遊蕩，愛好沉迷宴飲奢侈，都可以使人受損。」

章目（六）

孔子曰：「侍於君子有三愆①。言未及之而言，謂之躁②；言及之而不言，謂之隱③；未見顏色而言，謂之瞽④。」

【主旨】本章說明陪伴有德位的人處事時，易犯的過失。

【註解】①愆：過錯。②躁：急躁。③隱：隱瞞，對事實有所遮掩。④瞽：瞎眼，不能察言觀色。

【釋文】

　　孔子說：「陪伴有德位者處事時，有三種容易犯的錯失。不該說話，卻搶著說話，叫做急躁；該他說話，卻又吞吞吐吐，叫做隱瞞；不看清對方的臉色，而輕率說話，叫做瞎眼睛。」

章目（七）

　　孔子曰：「君子有三戒。少之時，血氣①未定，戒之在色；及其壯也，血氣方剛，戒之在鬥；及其老也，血氣既衰，戒之在得②。」

【主旨】本章說明人自少到老，需要留心處理的三件事。

【註解】①血氣：血脈呼吸是人及動物維持生命的根本。②得：貪得。

【釋文】

　　孔子說：「君子有三件要存心警惕戒備的事。少年時，身體血氣未定，應該警戒，勿把精力放縱在色欲上；到了壯年時，血氣正旺盛，應該警戒，勿隨便動怒毆鬥；到了老年時，血氣已經衰弱，應該警戒，不要事事貪求增加自己生理心理的壓力。」

章目（八）

　　孔子曰：「君子有三畏①。畏天命②，畏大人③，畏聖人之言。小人不知天命而不畏也，狎④大人，侮⑤聖人之言。」

【主旨】本章說明君子與小人所敬畏與不在乎的事。

【註解】①畏：敬畏，憂惶。②天命：天所賦之正理。③大人：居高位者。④狎：謂慣見而疏忽之。⑤侮：輕慢。

【釋文】

　　孔子說：「君子有三項應當敬畏的事。敬畏依天理該做的事，敬畏高位的人，敬畏聖人的話。小人不知天命所賦予的正理而不敬畏，常見高位的人而疏忽他，把聖人的話不當一回事。」

章目（九）

　　孔子曰：「生而知之者①，上也；學而知之者，次也；困②而學之，又其次也。困而不學，民斯為下矣！」

【主旨】本章敘述人的天賦資質均有不同，但以不知力學為最不入流。

【註解】①生而知之者：不學而能者。②困：謂有所不通時。

【釋文】

　　孔子說：「天生就自然能懂得道理的，那是上等資質的人；經過學習然後能懂得道理的，那是次一等資質的人；遇

到困難而經苦學才懂得道理的，那是又次一等的人。遇到困難後依然不學而不懂道理，這種人是最低下，不入流的！」

章目（十）

孔子曰：「君子有九思①。視思明，聽思聰，色思溫，貌思恭，言思忠，事思敬，疑思問，忿思難，見得思義。」

【主旨】本章敘述君子有九種需要經常多用心思慮，使能合於禮義要求的事。

【註解】①思：用心思慮。

【釋文】

孔子說：「君子有九種應經常用心思慮的情況。看時要想看得明白，聽時要想聽得清楚，臉色要想表現溫和，與人對應的樣子要想到謙恭，說話要想到忠實，做事要想到敬業，有疑惑要想到提問，生氣要想到事後的禍害，見到財利要想到是否合理應得。」

章目（十一）

孔子曰：「『見善如不及①，見不善如探湯②。』吾見其人矣，吾聞其語矣！『隱居以求其志③，行義以達其道④。』吾聞其語矣，未見其人也！」

【主旨】本章敘述修養到家的善人難得。

【註解】①見善如不及：見善事，如恐趕不上人之善。②見不善如探湯：見惡事，如摸到滾湯，馬上縮手；以喻見惡事而去之速。③隱居以求其志：退居避開功名利祿，只求自己能安心進德修業。④行義以達其道：謂好行義事以達於仁道。

【釋文】

　　孔子說：「『看到該做的事，像追趕什麼，立即去做；看到不該做的壞事，像摸到滾湯，馬上避開。』做這種一時性的行為，我看過這種人，也聽過這種話！『避世隱居來成全自己的心志，出仕行義來達成自己的理想。』做這種持久性的行為，我聽過這種話，但沒有見過這種人！」

章目（十二）

　　「誠不以富，亦祇以異①。」齊景公有馬千駟②，死之日，民無德而稱焉。伯夷、叔齊餓於首陽③之下，民到于今稱之，其斯之謂與？

【主旨】本章敘述人的能受讚揚，重在有德。

【註解】①誠不以富，亦祇以異：《詩經》〈小雅〉〈我行其野〉的詩句。②駟：四匹馬為一駟。③首陽：山名。

【釋文】

　　《詩經》上說：「稱道人實不因他富有，只因為他的德行異於常人。」齊景公生前豪奢，喜歡馬就養了四千匹；但到他死的時候，人民對他沒有什麼可稱道的。伯夷、叔齊生

前不顧自己利益，只講道理對錯，最後還餓死在首陽山下，人民到現在還稱道他們的志節，就是這個意思吧？

章目（十三）

陳亢①問於伯魚曰：「子亦有異聞②乎？」對曰：「未也。嘗獨立③，鯉趨④而過庭。曰：『學詩乎？』對曰：『未也。』『不學詩，無以言。』鯉退而學詩。他日，又獨立，鯉趨而過庭。曰：『學禮乎？』對曰：『未也。』『不學禮，無以立。』鯉退而學禮。聞斯二者。」陳亢退而喜曰：「問一得三。聞詩，聞禮，又聞君子之遠其子⑤也。」

【主旨】本章敘述為學先重詩禮。

【註解】①陳亢：字子禽。孔子學生。②異聞：異乎弟子之所聽聞的道理。③嘗獨立：謂孔子嘗獨自站立，左右無人也。④趨：疾走。⑤君子之遠其子：孔子之教其子，無異於門人，故陳亢以為遠其子。遠：無私心。

【釋文】

陳亢問伯魚道：「你有沒有聽到你父親特別私下教你另一些學問呢？」伯魚答道：「沒有呀。有一次，我父親獨自站在堂上，我快步穿過庭院。父親說：『你學過詩沒有？』我回答說：『沒有。』父親說：『不學詩，就不懂得怎樣說話文雅。』於是我退下便去學詩。另一天，父親又獨自站在堂上，我快步穿過庭院。父親說：『你學過禮沒有？』我回答說：『沒有。』父親說：『不學禮，就不能在社會上立身處

世。』於是我退下便去學禮。我私下只聽到這兩項教訓。」
陳亢聽後退下高興地說：「我問一件事，卻知道了三個道
理；懂了學詩的道理，學禮的道理，還曉得君子對自己的孩
子沒有偏私厚待。」

章目（十四）

邦君之妻，君稱之曰「夫人」，夫人自稱曰「小童」。邦
人稱之曰「君夫人」，稱諸異邦曰「寡小君」。異邦人稱之，
亦曰「君夫人」。

【主旨】本章討論國君夫人的稱謂。

【釋文】

國君的妻子，國君自己稱她為「夫人」，她自稱為「小
童」。一般人民稱她為「君夫人」，在外國人面前則自稱為
「寡小君」。外國人稱她，也稱為「君夫人」。

篇目　陽貨第十七

本篇說明人性本善，但後來的學習與環境影響卻使人有所變化。因此一個有志成為君子的人，一定得留意自己要有正面效果的學習方向與環境。

章目（一）

陽貨①欲見孔子，孔子不見；歸②孔子豚。孔子時其亡③也，而往拜之，遇諸塗④。謂孔子曰：「來，予與爾言。」曰：「懷其寶而迷其邦⑤，可謂仁乎？」曰：「不可。」「好從事而亟失時，可謂知乎？」曰：「不可。」「日月逝矣，歲不我與！」孔子曰：「諾，吾將仕矣！」

【主旨】本章敘述家臣陽貨專恣，但欲親孔子而孔子避之。

【註解】①陽貨：陽虎。季氏家臣，一段時間把持魯國政。欲見孔子使仕。②歸：饋贈。③時其亡：找好陽虎不在家的時候。④塗：即「途」。⑤懷其寶而迷其邦：謂懷藏學識道德，不救國之迷亂也。

【釋文】

陽貨想要孔子去見他，孔子不想見他；於是他送孔子一隻蒸熟的小豬，使孔子必須回拜。孔子便找個陽貨不在家的時候，登門去回拜他，但他們在路上居然碰上了。陽貨對孔子說：「來，我跟你說話。」於是陽貨問道：「一個人懷藏道

德才能而不救國家的迷亂,這可以說是仁道嗎?」孔子說:
「不可以。」陽貨又問:「喜歡出來做事,卻每每錯失機
會,這可以說是明智嗎?」孔子說:「不可以。」陽貨道:
「日子過去後不會再回來,歲月不會等人的!」孔子說:
「好吧,我打算出來做官了。」

章目(二)

　　子曰:「性相近①也,習相遠②也。」

【主旨】本章指在善惡方面,人的本性原來都相近向善。但
後來因學習環境的不同,而各有所變化。

【註解】①性相近:指人之本性相近本善(例如沒有人天生
就會說謊)。②習相遠:人性後來有善惡的分別,是後來受
學習環境影響所致(本章應與〈雍也第六之十八章〉對照來
看。以說明儒家認為人性本善的思維)。

【釋文】
　　孔子說:「人的本性天生本來是相近向善的;後來因受
學習環境的影響,才加入了惡的成分,有了善惡之分。」

章目(三)

　　子曰:「唯上知與下愚①不移。」

【主旨】本章指在智慧方面,唯有最聰明和最愚昧的,不易
受學習的影響而改變其智愚的氣質。

【註解】①上知與下愚：最聰明和最愚昧的兩種人。

【釋文】

　　孔子說：「只有最聰明和最愚昧的人，氣質是很難改變的。」

章目（四）

　　子之①武城②，聞弦歌之聲③。夫子莞爾④而笑曰：「割雞焉用牛刀⑤？」子游對曰：「昔者，偃⑥也聞諸夫子曰：『君子學道則愛人，小人⑦學道則易使⑧也。』」子曰：「二三子！偃之言是也，前言戲之耳！」

【主旨】本章記述子游能行孔門慎重禮樂教民之道。

【註解】①之：到。②武城：魯邑。時子游為武城宰。③弦歌之聲：言以禮樂為教，故邑人皆弦歌。④莞爾：微笑貌。⑤割雞焉用牛刀：言殺雞何必用牛刀：比喻治小邑，何必用禮樂之大道。⑥偃：子游之名。⑦小人：此處指一般人。⑧易使：容易順從在上位者之教令。

【釋文】

　　孔子到武城去，聽到弦歌的聲音，夫子微笑說：「殺雞怎用得上牛刀呢？」子游答道：「以前，我聽老師說過：『在上位的君子學了禮樂之道，就能愛護人民，庶民學了禮樂之道，就容易配合聽從教令。』」孔子說：「諸位！偃講得很對，我剛才說的只是一句玩笑話而已！」

章目（五）

公山弗擾①以費②畔③，召，子欲往。子路不說，曰：「末之也已，何必公山氏之之也？」子曰：「夫召我者，而豈徒哉？如有用我者，吾其為東周乎！」

【主旨】本章敘述孔子欲不避亂而獲得興起周道的機會。

【註解】①公山弗擾：史記作「公山不狃」。為季氏宰，據費邑叛變。然依錢穆在其《論語新解》（臺北市：東大圖書公司，2008年，頁481）所記，弗擾叛時，孔子正為魯司寇，故此事有其可疑之處。但重點應為孔子並未前往。②費：魯邑，在魯國之東。③畔：同「叛」。

【釋文】

公山弗擾盤踞費邑叛變魯國，召孔子去，孔子正想去。子路很不高興，就說道：「沒有地方去就算了，又何必要到公山氏那邊兒去呢？」孔子說：「那個召我去的人，難道是沒有用意的嗎？這樣有人要用我，我亦可推行周道於東方啊！」

章目（六）

子張問仁於孔子。孔子曰：「能行五者於天下，為仁矣。」「請問之？」曰：「恭、寬、信、敏、惠。恭則不侮，寬則得眾，信則人任焉，敏則有功，惠則足以使人。」

【主旨】本章敘述行仁的要點好處。

【釋文】

　　子張向孔子請問為仁之道。孔子說：「能實行這五種品德於天下，便算是仁人了。」子張問：「請告訴我那五種品德？」孔子說：「恭、寬、信、敏、惠五種。對人恭謹，就不會遭受侮慢；待人寬厚，就可以得到大眾的擁護；與人信實，別人就可以放心倚仗你；辦事敏捷，才容易成功；能施惠對人有利益，才足以讓人願意為你效勞。」

章目（七）

　　佛肸①召，子欲往。子路曰：「昔者由也聞諸夫子曰：『親於其身為不善者，君子不入也。』佛肸以中牟畔，子之往也，如之何？」子曰：「然，有是言也。不曰堅乎？磨而不磷②；不曰白乎？涅而不緇③。吾豈匏瓜④也哉？焉能繫而不食！」

【主旨】

本章亦如第五章，敍述孔子欲不擇地而治。

【註解】

①佛肸：晉大夫趙簡子的家臣，據中牟而叛趙氏。但依謝冰瑩等在《新譯四書讀本》（臺北市：三民書局，1991年，頁269）所記，此事發生在魯哀公二十年，時孔子已逝五年。而不論事情經過如何，重點應為孔子並未真正前往。②磨而不磷：磨之而不損不薄。磷，薄也。③涅而不緇：染之亦不黑也。④匏瓜：瓠瓜。匏瓜味苦，人所不食。

【釋文】

　　佛肸派人來召請孔子，孔子想要去。子路說：「以前我

聽老師說過：『一個人本身做不正當的事，君子不願到他那邊去。』現在佛肸盤踞中牟叛變，老師要到他那兒去，這怎麼說得過去呢？」孔子說：「是的，我是說過這話的。但我不也說過最堅硬的東西，怎麼磨也不會薄嗎？不也說過最潔白的東西，怎麼染也染不黑嗎？我難道是匏瓜嗎？怎能只是空懸著而不被人採來食用啊！」

章目（八）

子曰：「由也，女①聞六言六蔽②矣乎？」對曰：「未也。」「居③！吾語④女：好仁不好學，其蔽也愚；好知不好學，其蔽也蕩⑤；好信不好學，其蔽也賊⑥；好直不好學，其蔽也絞⑦；好勇不好學，其蔽也亂⑧；好剛不好學，其蔽也狂⑨。」

【主旨】本章說明修德與學習必須兼顧。

【註解】①女：同「汝」。②六言六蔽：六言，指六事：仁、知、信、直、勇、剛。蔽，壅蔽不通。六蔽指愚、蕩、賊、絞、亂、狂。六言皆美德，然徒好之而不學以明其理，則各有所蔽。③居：坐也。④語：告知也。⑤蕩：放蕩。⑥賊：傷害於事物。⑦絞：急切。⑧亂：造成禍亂。⑨狂：癡頑不講理。

【釋文】

孔子說：「仲由啊，你聽過六言六蔽嗎？」子路答道：「沒有。」孔子說：「坐下！我告訴你：只喜歡仁德不喜歡

學習，所產生的蒙蔽是愚昧；只喜歡才智不喜歡學習，所產生的蒙蔽是放蕩；只喜歡誠信不喜歡學習，所產生的蒙蔽是損害；只喜歡正直不喜歡學習，所產生的蒙蔽是急切；只喜歡勇敢不喜歡學習，所產生的蒙蔽是禍亂；只喜歡剛毅不喜歡學習，所產生的蒙蔽是癡頑不講理。」

章目（九）

　　子曰：「小子！何莫①學夫《詩》？《詩》，可以興，可以觀，可以群，可以怨；邇②之事父，遠之事君，多識③於鳥、獸、草、木之名。」

【主旨】本章說明《詩經》是求學的一個重要項目。

【註解】①何莫：何不。②邇：近也。③識：認識。

【釋文】

　　孔子說：「弟子們！為什麼不學《詩經》呢？《詩》可以激發人的心志。可以觀察時政的得失，可以溝通大眾的情懷，可以抒暢個人的幽怨；就近處來說，可以運用其中道理來侍奉父母，就遠處來說，可以用來服事君上；還能多認識鳥、獸、草、木的名稱。」

章目（十）

　　子謂伯魚曰：「女為①〈周南〉〈召南〉②矣乎？人而③不為〈周南〉〈召南〉，其猶正牆面而立④也與！」

【主旨】本章敘述孔子規勸伯魚學《詩經》，尤其重視〈周南〉、〈召南〉兩篇。

【註解】①為：學習，研究。②周南、召南：《詩經》〈國風〉首二篇名。③而：如果。④正牆面而立：喻無法視物，亦無法前行。

【釋文】

孔子對伯魚說：「你學過《詩經》中的〈周南〉、〈召南〉兩篇嗎？一個人如果不去學〈周南〉、〈召南〉的詩篇，他就好比面對著牆壁而站著，看不透、走不遠啊！」

章目（十一）

子曰：「禮云禮云，玉帛①云乎哉？樂云樂云，鐘鼓②云乎哉？」

【主旨】本章說明禮樂如徒具虛文，則失禮樂的意義。

【註解】①玉帛：禮主要的是要表達規則與敬意。玉帛類的器物，只是為禮之虛文。②鐘鼓：樂貴和；鐘鼓，樂之器也。言遺其本而專事其末，則豈禮樂之謂哉？

【釋文】

孔子說：「禮節啊，禮節啊，難道只是互相送送玉帛這些禮品嗎？音樂啊，音樂啊，難道只是大家敲敲鐘鼓這些樂器嗎？」

章目（十二）

子曰：「色厲而內荏①，譬諸小人②，其猶穿窬之盜③也與！」

【主旨】本章批評為人若表裡不一，則只是偷盜名聲。

【註解】①色厲而內荏：言外表嚴厲而內心懦弱畏怯。②小人：有佔人便宜、偷盜之心者。③穿窬之盜：穿戶踰牆的盜賊。

【釋文】
孔子說：「一個外表嚴厲，內心卻空虛懦弱的人，拿小人來比喻吧，他就好比挖洞爬牆的小偷一樣，想偷取別人的尊重而已。」

章目（十三）

子曰：「鄉原①，德之賊也！」

【主旨】本章批評鄉里常有外表謹厚而內心不老實的人，亦是賊害道德的敗類。

【註解】①鄉原：鄉里外表謹厚之人，貌似君子而實偽善者。原，同「愿」。

【釋文】
孔子說：「外表忠厚而缺見識，內心又不誠懇老實的偽君子，真是賊害道德的敗類啊！」

章目（十四）

子曰：「道聽而塗①說，德之棄也。」

【主旨】本章說明喜歡傳聞不實的人，等於是自棄道德的規範。

【註解】①塗：同途，謂傳聞不實的路邊言論。

【釋文】

孔子說：「在路上聽來一些不確實的話，然後照樣又在路上隨便講出去，這是自己拋棄應守的道德標準啊！」

章目（十五）

子曰：「鄙夫①，可與事君也與哉？其未得之也，患得之②；既得之，患失之。苟患失之，無所不至③矣！」

【主旨】本章敘述行為庸俗惡劣者的特色。

【註解】①鄙夫：行為庸俗惡劣者。②患得之：擔心得不到。③無所不至：言人志於富貴，則無所不為。

【釋文】

孔子說：「一個行為低俗卑鄙的人，可和他共同在朝廷上事君嗎？在他還沒得到官職富貴時，就唯恐得不到；等到已經得到後，又唯恐失掉。如果這樣擔心失掉官職富貴，那什麼事他都可以做出來了！」

章目（十六）

子曰：「古者民有三疾①，今也或是之亡也。古之狂也肆②，今之狂也蕩；古之矜也廉③，今之矜也忿戾④；古之愚也直⑤，今之愚也詐⑥而已矣。」

【主旨】本章敘述古人有偏見短處，但仍有其所長以為彌補。而今人則更為澆薄不如古人。

【註解】①三疾：指三種偏短：狂、矜、愚。②狂也肆：志大而不拘小節。③矜也廉：持守自傲而有所不取。④忿戾：易怒好爭。⑤愚也直：不明事理但正直。⑥詐：挾私妄作。

【釋文】

孔子說：「古人有三種毛病，現在的人連這三種尚有可取的毛病都比不上了。古代的狂人常不拘小節，現在的狂人卻只放蕩不羈；古代矜持的人行為方正，現代矜持的人卻易怒好爭是非；古代愚昧的人性情爽直，現代愚昧的人卻偏好營私妄作。」

章目（十七）

子曰：「巧言令色，鮮矣仁。」

（本章重出，見〈學而〉篇第三章。）

章目（十八）

子曰：「惡紫之奪朱①也，惡鄭聲②之亂雅樂③也，惡利口④之覆⑤邦家者。」

【主旨】本章說明孔子厭惡不走正道以獲取利益的事。

【註解】①朱：正紅色。古人以紅黃藍白黑為正色，其餘視為雜色。②鄭聲：鄭國之音；放蕩的音樂。③雅樂：正統文雅之樂。④利口：擅於口給之佞者。⑤覆：傾敗也。

【釋文】

孔子說：「我討厭紫色遮蓋了正紅色的光彩，討厭鄭國放蕩的音樂擾亂了先王正統文、雅、正的音樂，討厭花言巧語，顛倒是非而把國家傾覆了的人。」

章目（十九）

子曰：「予欲無言！」子貢曰：「子如不言，則小子何述焉？」子曰：「天何言哉？四時行焉，百物生焉，天何言哉？」

【主旨】本章說明天理運行，世界最終必應有公平的力量。

【釋文】

孔子說：「我想不說話了！」子貢說：「如果老師不講些話，那麼弟子們有什麼可以討論傳述的呢？」孔子說：「老天說些什麼呢？然而四季照樣運行，萬物照樣生長，老天說了什麼呢？」

章目（二十）

孺悲①欲見孔子，孔子辭以疾②。將命者③出戶，取瑟而歌，使之聞之④。

【主旨】本章記述孔子不欲見孺悲。

【註解】①孺悲：魯人，嘗學士喪禮於孔子。②辭以疾：以疾病為由，辭謝不見客。③將命者：傳話者。④使之聞之：使來人聞瑟聲知其非疾病，以警教之也。

【釋文】

　　孺悲要求會見孔子，孔子推稱有病，不接見他。來傳話的人剛走出門口，孔子就拿出瑟來彈，並且高聲唱起歌來，故意讓傳話的人聽到。

章目（二十一）

　　宰我問：「三年之喪，期已久矣。君子三年不為禮，禮必壞；三年不為樂，樂必崩。舊穀既沒，新穀既升，鑽燧改火①，期可已矣。」子曰：「食夫稻，衣夫錦，於女安乎？」曰：「安。」「女安則為之。夫君子之居喪，食旨②不甘，聞樂不樂，居處不安，故不為也。今女安，則為之。」宰我出。子曰：「予③之不仁也！子生三年，然後免於父母之懷。夫三年之喪，天下之通喪也；予也，有三年之愛於其父母乎？」

【主旨】本章討論三年之喪的道理。

【註解】①鑽燧改火：古人用火時，鑽木取火。燧，取火之木，隨四時而改易，故曰改火。蓋春取榆柳，夏取棗杏、桑柘，秋取柞楢，冬取槐檀。②旨：美味。③予：宰我名。

【釋文】

宰我問：「父母過世，守喪三年，為期已太久了。君子三年不接觸禮儀，禮儀一定會廢弛；三年不接觸音樂，音樂一定會生疏。而且舊的穀子已吃完，新的穀子又已登場，鑽木取火的木頭更換，也經過一個輪轉，守喪一年也就可以了。」孔子說：「父母死去，不到三年，你吃稻米飯，穿花緞衣，你的心安不安呢？」宰我回答說：「我會心安的。」孔子說：「你既能心安，那就去做吧。君子守喪時，吃美味的東西，也不覺得甘美；聽音樂，也不覺得快樂；住在家裡，也不覺得安定；所以才不忍只守一年喪，情緒平復不下來。現在你既然覺得心安，那就去做吧！」宰我出去後，孔子說：「宰我真是不仁孝啊！兒女生下來，三年後，才能離開父母的懷抱。那替父母也守喪三年，是天下慎終於孝道通則；宰我就沒有從他父母那裡得到三年養育關愛嗎？」

章旨（二十二）

子曰：「飽食終日，無所用心，難矣哉！不有博弈①者乎？為之，猶賢乎已！」

【主旨】本章說明做人不宜無所用心。

【註解】①博弈：博，賭博。弈，下棋。

【釋文】

孔子說：「整天吃飽了飯，一點腦筋也不用，這樣是很難能養成良好的德行啊！不是有那些賭博下棋之類的遊戲

嗎？做那些事，還花點力氣思考，也比不用心好些！」

章目（二十三）

　　子路曰：「君子尚勇乎？」子曰：「君子義以為上。君子有勇而無義為亂，小人有勇而無義為盜。」

【主旨】本章說明君子之勇，以重義為先。

【釋文】

　　子路問道：「君子崇尚勇敢嗎？」孔子說：「君子還是應以義為最重要。在上位的君子只有勇而沒義，將會作亂危害國家；普通人只有勇而沒義，將會做盜賊。」

章目（二十四）

　　子貢曰：「君子亦有惡乎？」子曰：「有惡。惡稱人之惡者，惡居下流①而訕②上者，惡勇而無禮者，惡果敢而窒③者。」曰：「賜也，亦有惡乎？」「惡徼④以為知者，惡不孫⑤以為勇者，惡訐⑥以為直者。」

【主旨】本章說明君子所厭惡的人品行為。

【註解】①居下流：指居下位。②訕：訕笑。③窒：不通事理。④徼：暗中窺察別人。⑤孫：謙讓。⑥訐：發人隱私。

【釋文】

　　子貢說：「君子也會有嫌惡的人嗎？」孔子說：「有的，嫌惡在背後說人壞話的人，嫌惡在下位訕笑在上位的人，嫌

惡有勇無禮的人，嫌惡果敢而不通事理的人。」孔子反問道：「賜啊，你也有嫌惡的人嗎？」子貢答道：「嫌惡暗中窺察別人而自以為聰明的人，嫌惡不謙讓而自以為勇敢的人，嫌惡揭露人的隱私而自以為正直的人。」

章目（二十五）

　　子曰：「唯女子與小人為難養①也！近之則不孫，遠之則怨。」

【主旨】本章說明如以小人般的非正常心態，要和女子交往，就會產生困難。

【註解】①唯女子與小人為難養：此句有人認為是孔子趨向普遍歧視女性。但事實上孔子三歲喪父，靠著母親顏徵在含辛茹苦過著貧困生活，把他教養至十七歲也去世了。如此偉大賢慧的一位母親，孔子怎麼可能把她也歸入「難養」的小人行列裡？因此本書認為「唯女子與小人為難養」裡的「與」字應作「給與」、「賦與」解。

【釋文】
　　孔子說：「唯有那種先賦與小人之心，要和女子談感情時，就會產生問題！小人之心影響雙方；當你和她親近時，她會要控制你；當你想疏遠她時，她又會生氣怨恨你。」

章目（二十六）

　　子曰：「年四十而見惡①焉，其終也已。」

【主旨】本章勉勵人修德要及時。

【註解】①見惡：指見惡於人，被人所嫌厭。

【釋文】

　　孔子說：「到四十歲還常被人嫌厭，那他這一輩子也就沒得說了！」

篇目　微子第十八

本篇主要記錄古代幾位聖賢事跡，以及孔子在周遊列國時的言行，及途中隱士對孔子和時事看法。

章目（一）

微子去之①，箕子②為之奴，比干③諫而死。孔子曰：「殷有三仁焉！」

【主旨】本章記述殷商末年有三仁者。

【註解】①微子去之：微子，名啟，紂之庶長兄，見紂無道而離去。之，指紂。②箕子：紂之叔父，直諫並裝瘋被囚為奴。③比干：紂之叔父，苦諫被剖腹剜心而死。

【釋文】

紂王無道，微子便離開他，箕子因上諫又裝瘋被監禁成了奴隸，比干也因勸諫而被殺。孔子說：「殷商末年有三個仁人！」

章目（二）

柳下惠①為士師②，三黜③。人曰：「子未可以去乎？」曰：「直道而事人，焉往而不三黜？枉道而事人，何必去父母之邦？」

【主旨】本章敘述柳下惠任官的正直。

【註解】①柳下惠：姓展，名獲，字禽。魯大夫，食邑柳下，有賢名。死後諡為惠。②士師：典獄官。③三黜：多次被黜退。黜，罷黜。

【釋文】

柳下惠任典獄官，多次被免職。有人問他說：「你不可以乾脆離開魯國嗎？」柳下惠說：「我依照正直的道理去事奉人君，到那一個國家不會老被免職？如果改以不正直的做法去事奉人君，那又何必要離開祖國呢？」

章目（三）

齊景公待①孔子，曰：「若季氏則吾不能，以季、孟之間②待之。」曰：「吾老矣。不能用也。」孔子行。

【主旨】本章記述孔子在齊國未得到尊重而離去。

【註解】①待：待遇也，以禮節祿位待孔子。②季孟之間：魯三權臣，季氏最貴。孟，指孟孫氏。言齊君欲以魯君侍季氏與孟孫氏之間的禮遇待孔子。

【釋文】

齊景公想任用孔子，安排職務，說：「要我像魯君對待季氏般對待孔子，那我是做不到的。我將以魯君對待季氏與孟孫氏之間的待遇來對待孔子。」但後來齊景公又說：「我老了，不能重用他了。」於是孔子便離開齊國。

章目（四）

　　齊人歸女樂①，季桓子②受之，三日不朝，孔子行。

【主旨】本章記述孔子在魯行道受阻而去國。

【註解】①齊人歸女樂：魯定公十三年，孔子為魯司寇，攝相事，齊人懼，贈女樂於魯君。歸，饋贈。②季桓子：即季孫斯，魯大夫。當時魯國的權臣。

【釋文】

　　齊國送給魯國一批歌姬舞女，季桓子接受了，竟然一連三天和魯君都不上朝處理政事，孔子便辭官離開魯國。

章目（五）

　　楚狂接輿①，歌而過孔子，曰：「鳳兮②！鳳兮！何德之衰③？往者不可諫④，來者猶可追⑤。已而⑥！已而！今之從政者殆⑦而！」孔子下，欲與之言，趨而辟⑧之，不得與之言。

【主旨】本章記述楚國隱士接輿佯狂，欲以歌聲感諷孔子。

【註解】①楚狂接輿：楚國人接輿，佯狂避世。②鳳兮：鳳凰，有道則見，無道則隱，以比孔子。③何德之衰：言今無道，而譏孔子不能隱，為德衰。④往者不可諫：既往所做的事已過去，不可復諫止。⑤來者猶可追：言未來的尚可避開。⑥已而：停止罷了。⑦殆：危也。⑧辟：同「避」。

【釋文】

　　楚國的狂士接輿與孔子在路上不期而遇，他走過孔子的車前唱起歌來：「鳳凰啊！鳳凰啊！你孔先生正像一隻鳳凰那樣出眾啊！但你的德行為何又不如鳳凰那樣的完整潔淨？鳳凰有道則現，無道則隱；而你卻不管時勢如何還硬撐下去。過去的事不提，現在你應該好好考慮是否該放手了。算了吧！算了吧！別再枉費力氣了；當今在政治上有權勢的那些人都是眼光短淺，心機險惡；你別再天真有所期望了！」孔子聽出他歌中的含意，趕忙下車想向他請教談談，他卻一轉身就躲開，孔子終未能與他說上話。

章目（六）

　　長沮、桀溺①耦而耕②。孔子過之，使子路問津③焉。

　　長沮曰：「夫執輿者④為誰？」子路曰：「為孔丘。」曰：「是魯孔丘與？」曰：「是也。」曰：「是知津矣！」

　　問於桀溺，桀溺曰：「子為誰？」曰：「為仲由。」曰：「是魯孔丘之徒⑤與？」對曰：「然。」曰：「滔滔⑥者，天下皆是也，而誰以易⑦之？且而⑧與其從辟人之士⑨也，豈若從辟世之士⑩哉？」耰而不輟⑪。

　　子路行以告，夫子憮然⑫曰：「鳥獸不可與同群，吾非斯人之徒與而誰與⑬？天下有道，丘不與易也⑭。」

【主旨】本章記述孔子周遊列國，遇隱者長沮、桀溺，為其所譏。

【註解】①長沮、桀溺：楚國二隱者。②耦而耕：一起並耕。③問津：詢問過渡的地方。④執輿者：在車上執轡的人。⑤徒：門徒，指弟子。⑥滔滔：亂貌。⑦易：改變。⑧而：汝也，指子路。⑨辟人之士：謂孔子。⑩辟世之士：桀溺自謂。⑪耰而不輟：耰，覆種。言覆種而不停止，亦不告以津處。⑫憮然：悵惘失意貌。⑬吾非斯人之徒與而誰與：言所當與同群者，就是其他的人而已。豈可絕人逃世以為潔哉？⑭天下有道丘不與易也：言天下平治，則我不必辛苦去變易之，正因天下無道，故欲以道易之。

【釋文】

　　長沮和桀溺，兩人一起在田裡耕作。孔子正好經過那兒，叫子路去問他們過河的渡口在那裡。

　　長沮問子路說：「那車上拉著韁繩的人是誰？」子路答道：「是孔丘。」長沮說：「是魯國的孔丘嗎？」子路說：「是的。」長沮說：「那麼他應該自曉得渡口在哪兒了！」

　　子路轉而去問桀溺，桀溺說：「你是誰？」子路答道：「我是仲由。」桀溺說：「是魯國孔丘的門徒嗎？」子路回答道：「是的。」桀溺說：「滔滔大亂，目前天下都是如此，誰能改變這種局面呢？你與其跟從那個逃避壞人的人，倒不如跟從我們這些逃避亂世的人呢？」說完，自顧自仍然不停地犁土覆種。

　　子路回來把兩人的話告訴了孔子，孔子有點失落地說：「人不可能跟山林的鳥獸同群！我不跟世人生活在一起，跟誰在一起呢？天下如果太平的話，那我孔丘也不用出來，想努力改變這局勢了。」

章目（七）

　　子路從而後，遇丈人，以杖荷蓧①。子路問曰：「子見夫子乎？」丈人曰：「四體不勤，五穀不分，孰為夫子？」植②其杖而芸③。子路拱而立④。止⑤子路宿，殺雞為黍而食⑥之，見其二子焉。

　　明日，子路行以告。子曰：「隱者也。」使子路反見之。至，則行⑦矣。子路曰：「不仕無義⑧。長幼之節，不可廢也。君臣之義，如之何其廢之？欲潔其身，而亂大倫。君子之仕也，行其義也。道之不行，已知之矣！」

【主旨】本章記述子路與年長隱者，以是否應力求實現個人政治理想而爭論。

【註解】①荷蓧：負一竹器。②植：插著。③芸：通「耘」，除草。④拱而立：言斂手而立，以示敬。⑤止：留也。⑥食：作動詞，與之食。⑦行：謂丈人出行不在家。⑧不仕無義：指該出來為君主做事，而不出來，是違背道義原則的。

【釋文】

　　子路跟隨著孔子出行而卻掉了隊。途中遇見一老人，他用枴杖挑著除草的竹器。子路上前問道：「你有遇見我的老師嗎？」老人說：「看你手足不勞動，五穀也不能分辨，誰是教你的老師？」便把枴杖插在地上然後去除草。子路垂握兩手恭敬地站著。後來老人留子路在家過夜，還殺雞做飯來請他吃，又叫他的兩個兒子出來與他見面。

　　第二天，子路辭行，趕上孔子，並把昨天的事告訴了他。孔子說：「那是個隱士啊！」叫子路再回去看他。到老人的家，老人卻出去了。子路便對老人的兩個兒子說：「不出來替國家做事就是廢棄了君臣的大義。長幼間的禮節，不可以廢棄。君臣間的大義，又怎麼可以廢棄呢？為了想保持自己的高潔，這樣就反而混亂了君臣的大倫了。所以君子出來做事，是實行君臣的義務責任。至於政治理想不能實現，那是我早已心裡有數知道的了！」

章目（八）

　　逸民①：伯夷、叔齊②、虞仲③、夷逸、朱張④、柳下惠⑤、少連⑥。子曰：「不降其志，不辱其身，伯夷、叔齊與？」謂柳下惠、少連：「降志辱身矣，言中倫⑦，行中慮，其斯而已矣！」謂虞仲、夷逸：「隱居放言，身中清，廢中權⑧。」「我則異於是，無可無不可。」

【主旨】本章為孔子論幾位逸民賢者的各自特色，並說明自己的不同處。

【註解】①逸民：有德無位之民。②伯夷、叔齊：周武王滅商。伯、叔恥食周粟，餓死首陽山下。③虞仲：或即仲雍，泰伯之弟，後隨泰伯入荊蠻。④夷逸、朱張：生平不詳。⑤柳下惠：魯國人，任官堅持直道而行。⑥少連：東夷人。⑦倫：理也。⑧廢中權：廢，放言自廢。廢中權，發言自廢合於權宜。

【釋文】

古今被遺落的人才，有伯夷、叔齊、虞仲、夷逸、朱張、柳下惠、少連。孔子說：「保持自己的意志而不肯屈服，尊重自己的身份而不肯受辱，這就是伯夷、叔齊兩人處世的態度吧？」批評柳下惠、少連：「已犧牲自己的意志，降低自己的身份去做官，說話合乎道理，行為經過思慮，但那也不過這樣罷了！」批評虞仲、夷逸：「逃世隱居、放肆直言，他們的行為清高，放言自廢不出仕，尚合於權宜。」又說：「我就跟他們不一樣，只依道義去做，沒什麼一定要這樣，也沒有什麼一定要那樣。」

章目（九）

大師①摯適齊，亞飯干適楚，三飯繚適蔡，四飯缺適秦②，鼓方叔入於河，播鼗③武入於漢，少師④陽、擊磬襄，入於海。

【主旨】本章記述魯國樂官之去國他就。

【註解】①大師：魯樂官長。②「亞飯干適楚」三句：天子一日四餐，諸侯三餐，每餐用飯時都要奏樂。亞飯、三飯、四飯，都是天子諸侯用飯時主持奏樂的樂官名。干、繚、缺，為樂官之名字。③播鼗：播，搖也。鼗，小鼓。④少師：樂官之佐。

【釋文】

魯國的樂官長摯轉到齊國去，主持國君次飯奏樂的樂師

干轉到楚國，三飯樂師繚轉到蔡國，四飯樂師缺轉到秦國，擊鼓樂師方叔遷居到黃河之濱，搖小鼓旳樂師武遷居到漢水之涯，樂官的副手陽和擊磬的樂師襄兩人隱居海邊。

章目（十）

周公謂魯公①曰：「君子不施②其親，不使大臣怨乎不以③。故舊無大故④，則不棄也。無求備⑤於一人。」

【主旨】本章記述周公囑咐魯公的話。

【註解】①魯公：周公旦之子伯禽，受封於魯。②施：同「弛」，鬆懈。③以：任用。④大故：罪惡、叛逆等重大事故。⑤備：完備。

【釋文】

周公告訴他的兒子伯禽說：「君子不冷落他的親人，不使大臣埋怨不任用他。原來的臣屬及親友任職如沒有重大的過錯，不應該廢棄他們。不要對一個人過分要求什麼都聽你的。」

章目 （十一）

周有八士：伯達、伯适、仲突、仲忽、叔夜、叔夏、季隨、季騧。

【主旨】本章指出周朝的興起，另外八人亦著有貢獻。

【釋文】

周朝有八個賢能的人：伯達、伯适、仲突、仲忽、叔夜、叔夏、季隨、季騧。

篇目　子張第十九

　　本篇記錄孔子的幾位弟子探討求學為道的言論，以及對孔子道學的發揮敬仰讚頌。

章目（一）

　　子張曰：「士見危致命①，見得思義②，祭思敬，喪思哀，其可已矣。」

【主旨】本章敘述為民服務的讀書人之一般特色。

【註解】①致命：授命，獻出生命。②見得思義：見到利益要先想是否為合理的利益。

【釋文】

　　子張說：「一個讀書人，遇到國家有危險困難時，能獻出生命來解救；遇到個人有利益可得時，先想到是否合乎道義；祭祀當要恭敬；參加喪禮當要盡哀。能這樣就可以了。」

章目（二）

　　子張曰：「執德不弘，信道不篤，焉能為有？焉能為亡①？」

【主旨】本章指出立德求道宜弘且篤，否則不值一提。

【註解】①焉能為有焉能為亡：有了也不足為重，沒有也不足為輕。

【釋文】

　　子張說：「講守德而不去盡力推廣弘揚；講信道而不能日漸加強篤實。這樣的人世界上多一個或少一個都沒有什麼意義。」

章目（三）

　　子夏之門人，問交①於子張。子張曰：「子夏云何？」對曰：「子夏曰：『可者與之，其不可者拒之。』」子張曰：「異乎吾所聞：『君子尊賢而容眾，嘉善而矜②不能。』我之大賢與，於人何所不容？我之不賢與，人將拒我，如之何其拒人也？」

【主旨】本章討論與人結交的原則。

【註解】①問交：問交友。②矜：矜恤，猶同情、憐憫。

【釋文】

　　子夏的弟子，問交友之道於子張。子張說：「你們的老師子夏是怎麼說的？」那弟子回答道：「我們的老師說：『可交的便接近他，不可交的便離開他。』」子張說：「這和我所聽到的不同：『君子尊敬賢人而容納平庸的人，讚美善良的人而同情那些還不夠善良的人。』因我如是個大賢人，對任何人有什麼不能容納的呢？我如果是個不賢的人，人家將拒絕我，我怎麼有資格去拒絕別人呢？」

章目（四）

　　子夏曰：「雖小道①，必有可觀者焉；致遠恐泥②。是以君子不為③也。」

【主旨】本章指出小道雖然也有其意義，但仍不足以助人成德。

【註解】①小道：指小技藝。②泥：阻塞不通。③為：學也。

【釋文】

　　子夏說：「雖是一些小技藝，也必定有可看重的地方；但如想據以推求較大的道理，恐怕就不夠用了。所以君子不願去學這些。」

章目（五）

　　子夏曰：「日知其所亡①，月無忘其所能②，可謂好學也已矣！」

【主旨】本章指出能做到溫故知新，也就可算是好學了。

【註解】①亡：無也，原來所無的新知識。②能：已學會的知識能力。

【釋文】

　　子夏說：「每天求取一些新的知識能力，每月也再溫習一下我已學會的知識能力，不把它忘掉。做得到這樣就稱得上是好學了。」

章目（六）

　　子夏曰：「博學而篤志①，切問②而近思③，仁在其中矣。」

【主旨】本章說明為學要能思辨以求仁。

【註解】①篤志：篤守其志。②切問：切實問清自己所學而尚未完全瞭解之事。③近思：從淺近處開始思考類推而得更深入。

【釋文】

　　子夏說：「基礎知識技能要廣博多學習，志向要單純而堅定。有疑問要切實地問清楚，凡事不好高騖遠，從淺近的地方開始去思索練習；仁德便在這裡面了。」

章目（七）

　　子夏曰：「百工居肆①以成其事，君子學以致②其道。」

【主旨】本章說明為學就是要追求人生的道理。

【註解】①肆：市場、工作場所。②致：達到，獲得。

【釋文】

　　子夏說：「各種行業的人在各種工作的場所，完成他們的工作。君子也應把握學習的機會，努力追求人生的道理。」

章目（八）

　　子夏曰：「小人之過也必文①。」

【主旨】本章指明小人一般都傾向有過不改，反只是掩飾。

【註解】①文：掩飾。掩飾過失自欺。

【釋文】

　　子夏說：「小人犯了過失，必定加以掩飾。」

章目（九）

　　子夏曰：「君子有三變：望之儼然①，即之也溫，聽其言也厲②。」

【主旨】本章指君子的外貌通常有三種穩定的表現。

【註解】①儼然：端莊貌。②厲：嚴正。

【釋文】

　　子夏說：「君子的容貌儀態通常有三種不同樣子：遠遠看去容貌莊重；接近他後，覺得態度和藹可親；聽他說話，言辭嚴正。」

章目（十）

　　子夏曰：「君子信①而後勞其民；未信則以為厲②己也。信而後諫；未信則以為謗③己也。」

【主旨】本章明指明君子不論對上對下，都以誠信為原則。

【註解】①信：信用、信任。②厲：壓迫、虐待。③謗：毀謗。

【釋文】

子夏說：「在位的君子要先取得民眾的信任，才可使他們做事；如果還未得到民眾的信任，就要他們做事，他們會以為是一種虐待。臣子要先取得到君主的信任，才可進諫；如果還未得到信任便進諫，君主會以為是故意毀謗他。」

章目（十一）

子夏曰：「大德不踰閑①，小德出入可也。」

【主旨】本章說明人都應堅守大節，小節處理則不妨稍有彈性。

【註解】①閑：欄也，範圍也。

【釋文】

子夏說：「人的重大行為節操絕不能馬虎逾越範圍；小的枝節問題稍微有出入是可以的。」

章目（十二）

子游曰：「子夏之門人小子，當洒掃，應對①，進退，則可矣。抑②末也；本之則無，如之何？」子夏聞之曰：「噫！言游過矣！君子之道，孰先傳焉？孰後倦焉？譬諸草

木，區以別矣③。君子之道，焉可誣也④？有始有卒⑤者，其惟聖人乎！」

【主旨】本章指求學的開端及進行，視情況應可以有不同的安排。

【註解】①應對：應言對答。②抑：可是。轉連接詞。③譬諸草木區以別矣：言教人亦如栽種各種草木，基本上應加以區分先後栽種。④焉可誣也：言教人亦豈可不問其深淺而概以高且遠者，強而語之，則是誣之而已。誣，欺罔。⑤有始有卒：言有始有終，正確無誤。

【釋文】
　　子游說：「子夏的學生，做些打掃和應對賓客，進退儀節的工作，那是可以的，但這些只是末節；至於做人根本的道理卻沒有學到，這怎麼可以呢？」子夏聽到後，便說：「唉！言游的話說得過分了！君子教人，哪些是要放在前面來教的呢？哪些是要放在後面，可以慢慢來教的呢？好比栽種草木一樣，本來就應按種類性質分別來做。君子教人，怎麼可以一開始就不分先後深淺來取巧教人呢？再說如果一個人的教學，從頭到尾就只有他的方法才對，那就只有聖人才能做到吧！」

章目（十三）

　　子夏曰：「仕①而優②則學③，學而優則仕。」

【主旨】本章說明仕與學的事雖有不同，但作為永久追求的道理則一樣。

【註解】①仕：擔任官職。②優：有餘力。③學：指學習。

【釋文】

　　子夏說：「一個人任官職，職責工作可以順利推動而有閒暇時，便應該再多去研討更高一層的學識；一個人求學，已學到相當程度，便應該出來做官，造福鄉梓。」

章目（十四）

　　子游曰：「喪致乎哀而止。」

【主旨】本章說明致喪應盡哀。

【釋文】

　　子游說：「辦理喪事能做到充分表現誠意悲哀思念的心情便夠了。」

章目（十五）

　　子游曰：「吾友張也，為難能也，然而未仁。」

【主旨】本章指出子張的成就已不錯，但尚未達仁德的境界。

【釋文】

　　子游說：「我的朋友子張，像他做到那樣已經算是難能可貴，不容易了，但也還不算進入到仁的核心境界。」

章目（十六）

　　曾子曰：「堂堂乎張也，難與並為仁矣。」

【主旨】本章指子張儀容堂堂，但內在的仁道修養仍有不足，難與共同切磋。

【釋文】

　　曾子說：「子張外貌儀容莊嚴美盛，但內在修持上仍難以跟他共同實行仁道。」

章目（十七）

　　曾子曰：「吾聞諸夫子：『人未有自致①者也，必也親喪乎。』」

【主旨】本章指除了親喪之外，凡人均難以自致其真情。

【註解】①自致：自然流露，懇摯至極。

【釋文】

　　曾子說：「我聽老師說過：『平常人都沒有可能自然懇摯地表露真情的狀況發生；如果有的話，一定是在父母死亡的時候。』」

章目（十八）

　　曾子曰：「吾聞諸夫子：『孟莊子①之孝也，其他可能也，其不改父之臣與父之政，是難能也。』」

【主旨】本章討論魯大夫仲孫速的孝行。

【註解】①孟莊子：魯大夫姓仲孫名速。其父孟獻子。

【釋文】

　　曾子說：「我聽老師說過：『孟莊子的孝行表現，別的人大致也都能做到；只有不改變他父親生前所任用的人和原來的政事規則，是別人很難做到的。』」

章目（十九）

　　孟氏①使陽膚②為士師，問於曾子。曾子曰：「上失其道，民散③久矣！如得其情④，則哀矜⑤而勿喜。」

【主旨】本章討論執法典獄的原則。

【註解】①孟氏：生平不詳。②陽膚：曾子學生。③民散：謂情義乖離，不相維繫，民心渙散背離。④情：實情。⑤哀矜：憐憫之。

【釋文】

　　孟氏任命陽膚為法官，陽膚來請教曾子。曾子說：「目前在上位的人不用正道治民，民心渙散缺乏指引已久。在審理案件時，如果查出他們犯罪的真相實情，要多從哀憐他們的角度來思考，而不要只以能結案而高興。」

章目（二十）

　　子貢曰：「紂①之不善，不如是之甚也。是以君子惡居下流②，天下之惡皆歸焉。」

【主旨】本章戒人為惡。

【註解】①紂：殷朝最後一位君主，以殘暴著名。②下流：地形卑下之處，眾流之所歸。喻人有不當，則易導致惡名皆聚矣。

【釋文】

子貢說：「紂王的壞，其實並不像所傳說的那麼嚴重。所以君子不可以做些下流事；因為一沾下流的事，天下的惡名聲都會算在他的身上。」

章目（二十一）

子貢曰：「君子之過也，如日月之食①焉。過也，人皆見之；更②也，人皆仰③之。」

【主旨】本章指君子之犯過及改過，都為人所重視。

【註解】①食：同「蝕」。日月虧蝕。②更：改也。③仰：仰望。

【釋文】

子貢說：「君子犯錯，就像是日蝕月蝕，一有過失，人人都看得見；改過後，人人也都仰望欽佩。」

章目（二十二）

衛公孫朝①問於子貢曰：「仲尼焉學？」子貢曰：「文武之道②，未墜於地③，在人④。賢者識⑤其大者，不賢者識其小者，莫不有文武之道焉。夫子焉不學，而亦何常師之有？」

【主旨】本章讚美孔子之德，並說明聖人無常師。

【註解】①公孫朝：衛國大夫。②文武之道：指周文王、武王的功勳典範，與所制作之禮樂制度等。③未墜於地：言未亡失。④在人：言有人能記之者。⑤識：認識、記存。

【釋文】

　　衛國的大夫公孫朝問子貢道：「仲尼的學問是跟誰學來的？」子貢說：「周朝文王、武王所留傳下來的禮樂典章，並沒有失傳完全衰落，現在還有人能知曉傳承。才智高的人記得那些重大的，才智不高的人也記得一些細小的。他們都無不保守著文王、武王的道。我的老師到處隨機而學，又何必一定要有固定的老師呢？」

章目（二十三）

　　叔孫武叔①語大夫於朝曰：「子貢賢於仲尼。」子服景伯②以告子貢。子貢曰：「譬之宮牆③。賜之牆也及肩，窺見室家之好；夫子之牆數仞④，不得其門而入，不見宗廟⑤之美，百官之富。得其門者或寡矣！夫子⑥之云，不亦宜乎？」

【主旨】本章讚美孔子之德非一般人所可企及。

【註解】①叔孫武叔：魯國大夫。②子服景伯：魯國大夫。③宮牆：房屋的圍牆。④仞：古七或八尺曰仞。⑤宗廟：祭祀祖先之所。⑥夫子：指武叔。

【釋文】

　　魯大夫叔孫武叔在朝廷上向大夫們說：「我認為子貢的學問道德勝過他的老師仲尼。」另一大夫子服景伯把這番話轉告子貢。子貢說：「我想到譬如房屋的圍牆。我端木賜的圍牆，高度只到肩膀，所以從牆外便可以看到房子裡面還不錯；我老師的圍牆，卻有好幾丈高，如果找不到門走進去，就看不到裡面布置像宗廟的堂皇，人士像文武官員的整齊富盛。能夠找到門進去的人或許很少吧！武叔說我勝過老師，應就是這麼回事了。」

章目（二十四）

　　叔孫武叔毀仲尼。子貢曰：「無以為也！仲尼不可毀也。他人之賢者，丘陵也，猶可踰①也；仲尼，日月也，無得而踰焉。人雖欲自絕②，其何傷於日月乎？多見其不知量③也！」

【主旨】本章記述子貢為有人毀謗孔子而辯護。

【註解】①踰：越過。②自絕：自行隔離。③不知量：言不自知其分量。

【釋文】

　　叔孫武叔說仲尼的壞話。子貢說：「這樣做是沒道理的！仲尼是無法毀謗的。別人的賢能，像丘陵一樣，還可以超越過去；仲尼，好比太陽月亮一樣高，是無法超越的。一個人雖然想要自行隔絕於太陽月亮，那又對太陽月亮有什麼損害呢？只是顯得他不自量力而已！」

章目（二十五）

陳子禽謂子貢曰：「子為恭①也，仲尼豈賢於子乎？」子貢曰：「君子一言以為知，一言以為不知；言不可不慎也！夫子之不可及也，猶天之不可階②而升也。夫子之得邦家③者，所謂『立之斯立④，道之斯行⑤，綏之斯來⑥，動之斯和⑦。其生也榮，其死也哀』。如之何其可及也？」

【主旨】 本章亦記述子貢為孔子而辯護。

【註解】 ①為恭：謂為恭敬，推崇其師也。②階：梯也。③得邦家：得邦為諸侯，得家為卿、大夫。④立之斯立：立之以禮，則民無不立。⑤道之斯行：言導之以德，則民莫不遵行。⑥綏之斯來：言安撫其民而遠人聞風而來歸。⑦動之斯和：言合理役使之，則民和穆以從。

【釋文】

陳子禽對子貢說：「你是特別推崇尊敬老師罷了，仲尼的學問道德難道真的勝過你嗎？」子貢說：「君子由一句話表現他有智慧，也由一句話表現他沒有智慧；因此說話不可不謹慎！我們的老師崇高不可及，就好比天空無法用梯子爬上去一樣。如果我們的老師有機會掌理國家政務，那就像一般所說的：『教人民自立，人民便能夠自立；引導人民做對的事，人民便能夠跟從；安撫民眾，民眾便來歸附；有要事勞動他們，他們也和樂順從。在世時人人尊敬他，過世後人人哀悼懷念他。』這樣別人怎能比得上呢？」

篇目　堯曰第二十

　　本篇記述古代聖賢的言論，以及孔子對於人生最終目標的結論。而這個結論與現代最新的人本主義思想相合。

章目（一）

　　堯曰①：「咨②！爾舜！天之曆數③在爾躬。允執其中④！四海困窮，天祿永終。」舜亦以命禹。

　　曰⑤：「予小子履⑥，敢用玄牡⑦，敢昭告于皇皇后帝⑧：有罪不敢赦，帝臣不蔽⑨，簡⑩在帝心！朕躬⑪有罪，無以萬方；萬方有罪，罪在朕躬。」

　　「周有大賚，善人是富⑫。」「雖有周親⑬，不如仁人；百姓有過，在予一人。」

　　謹權量⑭，審法度⑮，修廢官，四方之政行焉。興滅國，繼絕世，舉逸民，天下之民歸心焉。

　　所重民，食、喪、祭。

　　寬則得眾，信則民任焉。敏則有功，公則說⑯。」

【主旨】本章說明古代賢君的治國之道。

【註解】①堯曰：堯帝向舜帝說話。②咨：感歎聲。③曆數：帝王相繼的時序。④允執其中：指能堅守不偏不倚的中道。⑤曰：以下為商湯伐夏桀，告天之辭。⑥予小子履：予小子，古時帝王自稱。履，商湯之名。⑦玄牡：黑色的公牛。玄，黑色。牡，公牛。夏朝崇尚黑色，祭祀用黑牛，商朝初

年仍崇尚黑色，其後改為崇尚白色。⑧皇皇后帝：偉大的天帝。皇皇，偉大之意。后帝、天帝。⑨帝臣不蔽：言天下賢人，皆上帝之臣。己身不敢隱蔽。⑩簡：揀，擇也。⑪朕躬：我本人。朕，我。躬，身。⑫周有大賚，善人是富：記周武王大封諸侯之言。言周家受天大賜，善人眾多。賚，賜也。⑬周親：言至親。⑭謹權量：言謹其度量衡之制。⑮法度：指禮樂制度。⑯公則說：言政策公平，則民眾心悅誠服。

【釋文】

堯說：「注意啊！就是舜你了！上天安排帝王相繼接位的次序，就要落在你身上。你應該誠懇掌握不偏不倚的中庸之道！如果天下的民眾窮困，那麼上天賜給你的祿位，也便永遠結束了。」舜後來傳位也以同樣的話告誡禹。

商湯伐夏桀，對天禱祝，說：「我小子履，敢用黑色的公牛做祭品，敢明白地稟告您，偉大的天帝：有罪的人，我不敢輕易地赦免他；所有賢能的人都是天帝的臣子，我也不敢隱藏他們的才能，由天帝自心來選用他們吧！我本人犯錯時，不要因此牽累到老百姓；老百姓犯錯，罪該由我來承擔。」

周武王說：「周朝得上天的大賞賜，善人最多。」又說：「我雖然有周室至親的人，但不如多有仁德的人更好；老百姓有過失，都由我一人承擔。」

謹慎處理度量衡的制度，審察禮樂法度，重新建立廢棄的官職體系，四方的政令便通行無阻了。恢復被滅亡的國家，接續已斷絕的世族，舉用隱逸的賢人，那麼天下的民心便歸附了。

最首要重視的是民眾、糧食、喪禮、祭祀。

凡事寬厚待下，應便能得民眾的擁護；誠信待人，便能得民眾的仰賴。做事勤快，便有成果；施政公正，人民便心悅誠服。

章目（二）

子張問於孔子曰：「何如斯可以從政矣？」子曰：「尊五美，屏①四惡，斯可以從政矣。」

子張曰：「何謂五美？」子曰：「君子惠而不費，勞而不怨，欲而不貪，泰而不驕，威而不猛。」

子張曰：「何謂惠而不費？」子曰：「因民之所利而利之，斯不亦惠而不費乎？擇可勞而勞之，又誰怨？欲仁而得仁，又焉貪？君子無眾寡，無小大，無敢慢，斯不亦泰而不驕乎？君子正其衣冠，尊其瞻視②，儼然人望而畏之，斯不亦威而不猛乎？」

子張曰：「何謂四惡？」子曰：「不教而殺謂之虐；不戒視成③謂之暴；慢令致期④謂之賊；猶之與人也，出納之吝，謂之有司⑤。」

【主旨】本章討論為政之理。

【註解】①屏：避開。②尊其瞻視：儀容莊重，使民眾自然產生尊重感。③不戒視成：不先提醒，隨時就要看成果。④慢令致期：發令遲緩，而又要求事情限期完成。⑤有司：只掌一小範圍專職的小官員。

【釋文】

　　子張問孔子道：「怎麼樣才算夠資格，可以治理國家的政事呢？」孔子說：「能夠做到尊崇五種美德，避開四種惡政，就可以治理國家的政事了。」

　　子張說：「什麼是五種美德呢？」孔子說：「在上位的君子能施恩惠給民眾，而自己卻不破費；勞役民眾，而民眾卻不怨恨；心有把事情做好的欲望，卻不貪求；胸襟舒泰，卻不驕傲；有威嚴卻不兇猛。」

　　子張說：「何謂施給恩惠而自己卻不破費呢？」孔子說：「民眾認為可獲得利益的事就讓他們去做，這不是施恩惠給民眾，而自己卻不破費嗎？選擇農暇時，使適當的人服勞役，又有誰會抱怨呢？處事時，心中想的都是仁義的原則，照著來做，又還有什麼可貪求的呢？在位的君子待人無論人多人少，無論事大事小，都不敢怠慢，這不是胸襟舒泰而不驕傲嗎？君子端正自己的衣冠，莊重自己的儀容，使人見了而對他生出尊重感，這不是有威嚴而不兇猛嗎？」

　　子張說：「什麼是四種惡政呢？」孔子說：「不教化民眾，等他們犯罪，便加以殺戮，這叫做虐；不先做任何提醒，卻隨時就要看他們的成果，這叫做暴；發佈政令遲緩而又要求事情限期完成，這叫做賊；既然是要散發財物給人民，但在發放的時候小裡小氣，這叫做像小官吏般的小氣度。」

章目（三）

　　子曰：「不知命，無以為君子也①；不知禮，無以立也②；不知言，無以知人也③。」

【主旨】本章提出和現代人本主義思想一致的做人必須要知己、知人、知天三重點。

【註解】①不知命，無以為君子也：一個人不能明白天命於人對這個世界的責任，就很難成為一位君子。②不知禮，無以立也：一個人不能明白什麼該做與不該做的禮節原則，就很難算是有獨立的人格。③不知言，無以知人也：一個人不能夠明白社會溝通的語言原則，就很難做好與人相處。——以上三點，說明儒家是一種實踐重於理論的思想。而在人生哲學的領域裡，所謂實踐，在現代西方出現的人本主義思想認為，就是要探討「人」在這個世界上生活的意義。總歸納起來，應就不外乎是每個人都應瞭解：（一）人與自己，（二）人與他人，（三）人與其他一切萬物（包括神）三種關係。這三種關係，說來巧不可言，就正好與我們要討論的孔子在兩千五百多年前所提出的本章裡，指出的人要知命、知禮、知言的內容一致。知禮應就是人要了解及儘量做好人與自己的關係，廣泛學習知能，約束自己的行為，建立起自己獨立的人格。知言應就是人要了解及儘量做好與他人的關係，在社會上能充分與人以語言意見溝通，以避免不必要的誤會。知命應就是人要了解及儘量做好與天下其他一切萬物的關係。一個君子人，要知道人與萬物均同等來自於天，所以必須儘量和平共存，使這個世界長遠維持永續美好，以達成追求天人合一的最高期望。此事進一步較完整的解讀，可請參閱筆者與安強合著之《歷久彌新的孔子思想——談人本主義與儒家思想的交會》一書（臺北市：萬卷樓圖書公司，2021年）。

【釋文】

　　孔子說：「一個人如不能明白天命之所趨，就很難成為一個君子。一個人如不能明白自己什麼該做與如何做，就很難說是一個能自立知禮的人。一個人如不能明白言語溝通的原則，就很難獲得與他人和諧相處的結果。」

文化生活叢書・藝文采風 1306033

現代論語新解

作　　者　張凱元
責任編輯　林以邠

發 行 人　林慶彰
總 經 理　梁錦興
總 編 輯　張晏瑞
編 輯 所　萬卷樓圖書（股）公司
臺北市羅斯福路二段 41 號 6 樓之 3
電話 (02)23216565
傳真 (02)23218698

發　　行　萬卷樓圖書（股）公司
臺北市羅斯福路二段 41 號 6 樓之 3
電話 (02)23216565
傳真 (02)23218698
電郵 SERVICE@WANJUAN.COM.TW
香港經銷
香港聯合書刊物流有限公司
電話 (852)21502100
傳真 (852)23560735

ISBN 978-986-478-618-3
2022 年 4 月初版
定價：新臺幣 440 元

如何購買本書：
1. 劃撥購書，請透過以下帳號
　　帳號：15624015
　　戶名：萬卷樓圖書股份有限公司
2. 轉帳購書，請透過以下帳戶
　　合作金庫銀行　古亭分行
　　戶名：萬卷樓圖書股份有限公司
　　帳號：0877717092596
3. 網路購書，請透過萬卷樓網站
　　網址 WWW.WANJUAN.COM.TW
大量購書，請直接聯繫，將有專人
為您服務。(02)23216565 分機 610

如有缺頁、破損或裝訂錯誤，請寄
回更換

國家圖書館出版品預行編目資料

現代論語新解/張凱元著. -- 初版. --
臺北市 ：萬卷樓圖書股份有限公司,
2022.04
　　面；　公分. -- (文化生活叢書. 藝
文采風 ; 1306033)
ISBN 978-986-478-618-3(平裝)
1.CST: 論語 2.CST: 注釋
121.222　　　　　　　　111003075